TENKARA E BAMBÙ

Il Pescatore e la Tenkara

-

L'Arte del Pescare con l'Antica
Tecnica di Pesca a Mosca Giapponese

Lelio Zeloni

Copyright © 2018 Lelio Zeloni

Tutti i diritti riservati

ISBN: 978-1-80120-479-8

Autore:

Zeloni Lelio nasce a Prato l'8 Agosto del 1953. Sin dall'adolescenza ha avuto due passioni, la pittura e la pesca. Nel corso degli anni ha praticato lo spinning, la pesca a mosca, la tenkara e naturalmente la sua preferita, la pesca con il pane. Queste esperienze in tecniche diverse, gli sono servite per diventare il pescatore esperto che è oggi.

leliopesca.com

Youtube: Lelio Pesca
Instagram: Lelio Pesca
Facebook: Lelio Pesca

In nessun caso qualsiasi responsabilità o responsabilità legale sarà ritenuta responsabile nei confronti dell'autore, per danni, riparazioni o perdite monetarie dovute alle informazioni contenute in questo libro. Direttamente o indirettamente.

Le riproduzioni effettuate per finalità di carattere professionale, economico o commerciale o comunque per uso diverso da quello personale possono essere effettuate solo a seguito di specifica autorizzazione rilasciata dall'autore.

INDICE

Prefazione..5

Introduzione..11

1. Tecniche Praticate Prima Della Tenkara....................**15**

2. La Pesca Con La Mosca Artificiale..............................**25**

    I Comportamenti dei Pesci...................................36

    La Pesca con la Mosca Sommersa........................38

    La Pesca con la Mosca Secca.................................40

3. Le Mezze-moschette..**43**

4. Come Conobbi La Tenkara..**47**

5. La Tenkara..**55**

    Le Origini della Parola Tenkara............................56

    La Filosofia e la Cultura della Tenkara.................59

6. Tenkara e Valsesiana..**65**

7. L'Autocostruzione Della Canna In Bambù..............**71**

    Un Momento di Riflessione..................................72

    Canne Moderne e Consigli....................................78

8. I Fili Della Tenkara..**81**

9. Le Mosche Della Tenkara...83

    Gli Insetti Acquatici..86

        Efemerotteri..*88*

        Tricotteri...*90*

        Plecotteri..*92*

    Come Usare i Vari Tipi di Mosche........................95

    Gli Insetti Terrestri..100

        Ditteri..*100*

        Imenotteri...*101*

    L'Autocostruzione delle Mosche........................102

10. Dove Pescare a Tenkara...105

11. Come Affrontare Il Torrente Nel Modo Giusto.......109

12. Come Pescare a Tenkara..115

    La Nostra Canna da Tenkara...............................116

    Come Preparare la Lenza....................................116

    Il Lancio in Acqua..117

    Il Catch & Release..119

Conclusione..121

Riferimenti Bibliografici..125

Prefazione

E se iniziassi subito dicendovi che la Tenkara fa bene al cervello? Sarebbe una premessa un po' audace da fare in queste prime righe, ma sarebbe interessante scoprire insieme se una passione come la pesca può trasformarsi anche in una attività che fa bene alla salute.

Partiamo subito con il dire che imparare nuove cose fa bene. Forse vi sorprenderà sapere che la mancanza di novità indebolisce il cervello. Quando andavamo a scuola facevamo quasi sempre qualcosa di nuovo. Nuove materie, nuovi argomenti, nuovi compagni di classe, nuovi giochi in palestra e nuovi insegnanti con nuovi stili di insegnamento. Tutto questo contribuiva a mantenere il nostro cervello fresco e attivo.

Purtroppo molte persone dopo la scuola, cadono nella trappola del fare sempre le stesse cose ogni giorno. Per il cervello, questo comportamento non è virtuoso. La routine soffoca la creatività dell'intelletto e impigrisce la vitalità dell'individuo.

Facendo sempre le stesse cose il cervello tende a "restringersi", la ripetitività lo impigrisce, quindi è molto importante cercare sempre di fare qualcosa di diverso per mantenerlo sveglio.

Una mente brillante non è monotona e il nostro cervello funziona bene se viene stimolato dalle novità, perché usandolo si rinvigorisce, proprio come avviene per un muscolo.

Quindi cari pescatori, approfittate della pesca che vi da l'opportunità di fare tante cose nuove. Potete imparare nuove tecniche senza usare sempre le stesse, pescare in nuovi spot, visitare nuovi luoghi e potete lanciarvi nella cattura di pesci che non avete mai pescato.

Tutto questo sarà rivitalizzante per la vostra mente e vi permetterà di usare i vostri sensi in modo nuovo. Essere aperti ai cambiamenti, essere curiosi e imparare cose nuove ci permette di provare più emozioni e vivere situazioni stimolanti. Tutto questo aiuta a potenziare le sinapsi tra i neuroni, far ricrescere i dendriti e a stimolare la produzione di neurotrofine che aiutano la sopravvivenza, lo sviluppo e la funzione dei neuroni. Perché la cosa fantastica è che i neuroni non si sviluppano solo nel cervello dei bambini, bensì anche in quello degli adulti.

Quindi cercate di andare alla ricerca sempre di cose nuove, cercate di cambiare la vostra pesca, variate le tecniche, cambiate le vostre lenze, le vostre esche, andate sempre in posti nuovi e provate a pescare pesci diversi.

State attenti a cadere nella trappola della routine, mettetevi sempre alla prova con nuove entusiasmanti sfide.

Quando rompete la routine, cambiate gli schemi che si sono fissati nella vostra mente e allenate il cervello a confrontarsi con nuove situazioni. Elaborate così le informazioni in un modo nuovo e rendete il cervello più elastico nell'adattarsi ai cambiamenti. Migliorerete così la vostra elasticità mentale e la neuroplasticità del vostro cervello.

Ma il vostro piacevole allenamento mentale fortunatamente non finisce qui, perché potete dedicarvi anche alle autocostruzioni, proprio come facevano i pescatori di una volta.

Dedicarsi alla pesca fai da te è sicuramente un ottimo allenamento mentale perché è una attività che stimola il cervello, la creatività, la logica e l'ingegno. Quando svolgete attività come queste che stimolano l'intelletto, la struttura del cervello cambia, la materia grigia cresce e la materia bianca migliora. E questo naturalmente si ripercuote positivamente in tutti gli altri aspetti della vita, perché tutto quello che facciamo coinvolge il nostro cervello.

Abbiamo appena appreso con piacere come una attività come la pesca possa essere salutare e aiutare il cervello a mantenersi giovane ed elastico.

Ma c'è ancora di più, i benefici non sono finiti qui, perché spesso andare a pescare coincide con lo stare in mezzo alla natura. Una dimensione pura e incontaminata dove regna l'ordine naturale. Proprio quello che ci vuole per liberarsi dallo stress, rilassarsi e respirare aria buona.

Forse vi sorprenderà sapere che la semplice visione dell'acqua - che sia un mare, un lago, un fiume o un ruscello - da sollievo e calma la mente a livello subconscio. La vicinanza all'acqua rende più rilassati e tranquilli e ormai è dimostrato che le persone vicino ad un corso d'acqua e all'aria aperta sono più serene e felici.

Dopo aver letto queste prime pagine, scommetto che vi è venuta voglia di andare a pescare in mezzo alla natura! Fantastico! Ma chissà allora che voglia matta che avrete dopo la lettura di tutto il libro!

Ricordate però che non sarà importante quale sarà la vostra prossima destinazione di pesca. E non conterà nemmeno quanti pesci prenderete. La cosa più importante di tutte, è quella di imparare a godersi il viaggio.

Sorridete mentre uscite di casa con la vostra attrezzatura, e cercate di assaporare ogni singolo momento del vostro tragitto. Godetevi il paesaggio, accendete i vostri sensi, sentite i profumi del fiume e dei fiori, ascoltate il canto del ruscello e i suoni della natura mentre vi lasciate accarezzare da quel leggero e piacevole soave venticello. Godetevi ogni singolo attimo della vostra giornata di pesca e della vostra vita.

Perché alla fine, non sarà importante dove andremo, ma godersi ogni attimo di questo straordinario viaggio che si chiama vita, è la cosa più importante di tutte.

Dott. Edoardo Zeloni Magelli

Introduzione

Nella mia vita ho sempre pescato con tecniche diverse e pensavo di conoscere molto sulla pesca. Molti di voi mi conosceranno per la mia pesca in mare con il pane, ma ho sempre pescato anche in acque dolci. Alternavo le mie uscite pescando a spinning, a mosca e a volte a lenza libera con il lombrico. Erano queste le tecniche che mi regalavano più emozioni.

Poi un giorno quando meno te lo aspetti si presenta in punta di piedi, il nome di un'altra tecnica: la Tenkara. Inizialmente non le ho dato molta importanza. ma con il passare del tempo, praticandola, mi ha conquistato.

Devo riconoscere che la pratica della pesca a mosca ha reso molto più facile il mio impatto con la tenkara. Nella pesca a mosca mi costruivo i finali con i vari spezzoni decrescenti, partivo dallo 0,45 e arrivavo al finale dello 0,14, mi costruivo anche vari tipi di effimere e ninfe. Nonostante il piacere dell'autocostruzione mi accorgevo che tutto ciò mi portava via un sacco di tempo, a volte mi mancava il tempo necessario per dedicarmi a tutto questo.

Nella tenkara questo non si verifica, perché è tutto molto più pratico, semplice e meno impegnativo, ma soprattutto è molto divertente. Pensandoci bene è tutto ciò che ogni pescatore inconsciamente cerca. E senza rendermene conto io l'avevo finalmente trovato.

Per un pescatore è molto importante conoscere bene le diverse tecniche di pesca, perché questo farà aumentare notevolmente il suo bagaglio d'esperienza. In situazioni di pesca difficili riuscirà sempre a capire ciò che in quel momento non funziona e perché.

Vorrei che prestaste molta attenzione a queste pagine, sopratutto a quelle iniziali, perché in esse travaserò tutta la mia esperienza.

Vi descriverò le tecniche che ho praticato, e in ognuna di esse c'è un consiglio, un messaggio che aiuterà a migliorarvi. Sarà come se le avreste vissute voi in prima persona.

La mia pesca è molto semplice e alla portata di tutti, però vi garantisco che è molto efficace. Secondo il mio modesto parere, affinché la pesca funzioni va lasciata semplice.

Ma adesso è arrivato il momento di cominciare il nostro viaggio, e mi sembra doveroso nei vostri confronti, visto che condividiamo la stessa passione, cercare di trasmettervi tutto quello che sono riuscito a imparare.

In breve tempo anche voi diventerete dei buoni conoscitori della tecnica tenkara, ma la cosa più importante sarà che voi vi divertirete moltissimo e non vedrete l'ora di tornare nuovamente a pescare.

1.
Tecniche Praticate Prima Della Tenkara

Da ragazzo la prima tecnica che ho esercitato è stata la pesca con la canna fissa, sia in mare che in acqua dolce. È la base per ogni pescatore e per tutte le tecniche successive. Non essendo complicata, viene appresa in poco tempo, e regala dei momenti molto divertenti e piacevolissimi da ricordare.

Continuando a esercitarla diventi padrone della tecnica, però avverti il bisogno in alcuni spot di dover cambiare qualcosa, senti il bisogno di dover pescare più lontano dalla riva e di dover fare delle passate più lunghe.

Fu così che decisi di comprarmi una canna col mulinello. Ero molto soddisfatto, potevo esplorare tratti di fiume molto più ampi e pescare più a fondo nei laghi. Inoltre grazie ad una canna col mulinello, il mare ti offre tanti modi diversi per poter pescare e puoi sfruttarla in spot differenti.

Il tempo passava molto piacevolmente e leggendo varie riviste di pesca, rimanevo sempre più incuriosito dalla tecnica dello Spinning. Ripetevo spesso a me stesso:

"Come può un pesce abboccare a un cucchiaino! È solo un pezzo di metallo che gira, non è possibile, se così fosse avrei risolto il problema dell'esca, l'avrei sempre con me a disposizione e potrei decidere in qualsiasi momento di andare a pescare."

Affascinato da questo dubbio, decisi di provare anche la tecnica dello spinning. Comprai un'esile cannetta col mulinello e qualche cucchiaino della Mepps, che sul catalogo di vendita per corrispondenza si chiamava "Mister Fish".

Una volta arrivata l'attrezzatura da spinning non vedevo l'ora di poterla provare.

Una bella domenica di primavera si presentò subito l'occasione, e insieme a mia moglie decidemmo di andare a fare un picnic nel bacino di Suviana - un lago artificiale situato nell'Appennino bolognese - e naturalmente portai con me l'attrezzatura da spinning che avevo acquistato.

Nel primo pomeriggio decisi anche se ero un po' titubante di provarla. Montai la canna, era un elegante frustino in due pezzi a innesti, era molto leggera e complessivamente misurava 150 cm. Il mulinello era un Jubilant ed era caricato con un filo dello 0,22.

Legai un moschettone e dalla scatola dei cucchiaini presi quello argentato del numero 2 della Mepps e incominciai a lanciare.

Mentre recuperavo l'artificiale in modo molto lineare e quando mancavano pochi metri da me, notai il riflesso dell'artificiale in acqua. Ormai il primo lancio era andato a vuoto, quindi pensai di rilanciare nuovamente, quando improvvisamente sentii un colpo sulla punta della canna e vidi la sagoma di un pesce che allamato cercava di scappare facendomi scuotere tutta la canna.

Per un attimo rimasi quasi incredulo, non mi aspettavo che lì, proprio vicino a me ci fosse un pesce disposto ad abboccare.

"Allora funziona davvero! Incredibile!"

Esclamai, mentre il cuore mi batteva forte per l'emozione.

Era il primo pesce pescato a spinning; provate a pensarci! Ero al settimo cielo, mentre recuperavo quel pesce verso di me, notai dei puntini rossi sul suo corpo, e con enorme soddisfazione capii che si trattava di una trota fario.

Quello che avevo visto nelle riviste di pesca e che avevo sempre immaginato di poter realizzare anche io, si stava materializzando proprio davanti ai miei occhi; potevo toccare con mano una trota fario!

Dopo diversi lanci ne agganciai un'altra, stavo già pregustando la seconda cattura quando all'improvviso sentii la canna cedere e venire verso di me. Si era slamata!

Devo confessarvi che rimasi un po' deluso da questa perdita, ma in fin dei conti riflettendoci bene, non era andata poi tanto male, perché alla prima battuta di pesca a spinning ero riuscito ad agganciare due trote, praticando una tecnica nuova che non conoscevo assolutamente. Carico di fiducia, il weekend successivo, mi recai nel bacino di Pavana, un piccolo lago artificiale dell'Appennino tosco emiliano.

Pescando con la stessa attrezzatura questa volta non presi le trote, ma bensì dei persici reali. La mia esperienza stava aumentando di volta in volta e ogni posto di pesca nuovo che provavo, mi regalava delle bellissime emozioni.

Arriva l'estate, ed ero in vacanza con la mia famiglia a Donoratico sulla costa livornese in Toscana. Ci piaceva passare del tempo in mezzo alla natura in tranquillità a respirare aria buona lontano dalla città. Avevamo trovato un bellissimo campeggio, era un bosco naturale dietro a delle dune marittime che si affacciava sul mare.

Mi ero creato dei nuovi amici e parlando con loro, venni a conoscenza di un piccolo laghetto all'interno della campagna. Questo laghetto serviva ai contadini per l'irrigazione e non avevano niente in contrario se qualcuno andava a pescarci di tanto in tanto.

Un pomeriggio mi recai a pescare in quel laghetto. Ero mosso da una forte curiosità perché non sapevo che pesci ci avrei trovato, e guidato dal mio istinto, decisi di provare a pescare a spinning.

Dalla scatola dei cucchiaini scelsi un rotante ramato di 2 grammi e cominciai a lanciare. Il mio istinto mi consigliò bene, perché dopo qualche lancio riuscii a catturare un Black Bass. Seguirono altri lanci e catturai ancora un altro Bass.

Giorno dopo giorno, aumentavano sempre più le specie diverse dei pesci che catturavo, tutto questo mi faceva sentire più esperto, perché stavo imparando a notare i diversi tipi di abboccata dei pesci. Ogni pesce aveva un modo diverso di abboccare.

C'era un pesce che non ero mai riuscito a catturare, né con l'esche naturali né a spinning. Questo pesce era il cavedano. Per vari motivi era diventato un'ossessione.

Sulle riviste di pesca leggevo che era molto astuto, la

lenza doveva essere leggerissima, il nylon molto sottile, la piombatura quasi invisibile e che dovevamo arrivare sul fiume in punta di piedi perché ci avrebbe sentito. Tutto questo non faceva altro che aumentare in me la figura di un pesce impossibile da catturare. Ogni volta che andavo a pescare e non prendevo un cavedano mi sentivo un principiante.

Stavo leggendo degli articoli su delle riviste riguardo ai cavedani a spinning e notai un trafiletto molto interessante che catturò la mia attenzione e che mi aveva incuriosito. Questo trafiletto diceva che i cavedani in estate fanno pazzie per il rotante della Martin.

Mi venne subito in mente il Bisenzio, il fiume che attraversa la mia città: Prato. Non avevo mai pescato a spinning in questo fiume e stavo accarezzando l'idea di provarci.

Parlando di pesca con il mio cognato Gabriele, è uscito fuori che lui pescava molto spesso a spinning proprio nel Bisenzio e catturava anche dei bellissimi cavedani. Conosceva molti posti buoni e mi invitò ad andare con lui.

Non ci crederete ma mio cognato in quel momento mi è sembrato il salvatore della patria, colui che può insegnarti tutto e che dovevo osservare molto bene e memorizzare ogni sua mossa perché avrei imparato quello che io ancora non ero riuscito a capire.

È stato merito suo, se sono riuscito ad imparare come si catturano i cavedani. Grazie Gabriele! Grazie di cuore! Sono passati molti anni, ma porto ancora con me il ricordo indelebile di quelle straordinarie battute di pesca.

Nel periodo invernale pescavo col minnow piccolo, mentre nel periodo estivo usavo dei piccolissimi cucchiaini della Martin gialli e neri. Ormai pescavo spesso nel Bisenzio, e avevo imparato a conoscere il fiume.

Mi ricordo in particolare un pomeriggio di Gennaio. L'acqua del fiume era increspata a causa di un forte vento di tramontana e stavo entrando molto lentamente in acqua con i miei waders. La cosa positiva di tutto questo era che l'acqua mossa dal vento mi nascondeva alla vista del pesce.

Fu un pomeriggio magico, mi ricordo che nei primi 5

lanci presi 5 cavedani. Era un segnale che era un ottimo momento e che avrei fatto delle buone catture. Durante la pescata mi spostavo di continuo attraversando diversi correntoni molto lenti. Alla fine catturai in tutto la bellezza di 22 cavedani e tutti di taglia discreta. Questo è ancora oggi il mio record personale di cavedani catturati a spinning in Bisenzio. Ma i record sono fatti per essere battuti vero? Sono sicuro di poterlo superare e sarebbe bellissimo fare un video della battuta di pesca da condividere con voi attraverso i miei canali social.

Passavano i mesi e continuavo a pescare. Ancora una volta grazie al mio cognato Gabriele, catturai un bellissimo luccio nel lago di Bilancino nel Mugello. Come esca usai un cucchiaino della Martin di 28 grammi con fiocco rosso, e naturalmente avevo un bel cavetto di acciaio.

Ero soddisfattissimo delle mie pescate, avevo pescato tante specie diverse di pesci con altrettante esche diverse. Ero sempre più padrone della tecnica, ormai l'avevo imparata molto bene e sentivo il bisogno di voler nuovamente imparare qualcosa di nuovo.

2.
La Pesca Con La Mosca Artificiale

La pesca a mosca è di origini inglesi, in questa tecnica c'è tutto il fascino della vecchia Inghilterra, e piano piano, in punta di piedi è riuscita a conquistare tutto il mondo.

I francesi sono stati i primi a recepire il messaggio della mosca riuscendo a inserirsi nel bellissimo contesto di pesca con tecniche eccellenti e all'avanguardia. Tutta l'Europa ha poi seguito questo percorso, compresa l'Italia.

Dobbiamo riconoscere che inizialmente era una tecnica di pesca riservata a poche persone, dovuto al fatto che l'attrezzatura era molto costosa. La terminologia straniera non facilitava la conoscenza di queste mosche artificiali, le stesse azioni di pesca erano difficili da capire come la terminologia.

Molti pescatori consideravano la pesca a mosca una pesca d'élite, e chi la praticava spesso snobbava le altre tecniche.

Questi sono stati tutti fattori che hanno contribuito a tener lontano il grosso pubblico dalla pesca con la mosca, ma fortunatamente adesso le cose sono cambiate.

La conoscenza di questa tecnica ha cambiato totalmente la mia concezione sulla pesca, e mi ha fatto capire che non è tanto importante il pesce che peschiamo, ma è il modo in cui lo peschiamo.

Guardavo spesso dei filmati e documentari alla televisione. Le canne di questi pescatori erano in bambù refendu e avevano il manico in sughero, erano molto belle da vedere e rimanevo affascinato dal modo in cui questi pescatori lanciavano la mosca artificiale. Stendevano bene la coda di topo in aria alle loro spalle, e quando era completamente stesa la rilanciavano in avanti facendo in modo che la mosca artificiale si posasse delicatamente sull'acqua. Erano delle immagini molto particolari e suggestive che nei giorni seguenti spesso mi riaffioravano alla mente.

"Questa tecnica è molto bella, elegante, ha un fascino tutto suo, sono convinto che non deve essere facile impararla".

Pensai.

Le cose difficili mi sono sempre piaciute e cosi volli nuovamente sfidare me stesso. Per prima cosa mi comprai una canna per pescare a mosca, era in misto carbonio e misurava 8 piedi equivalente a circa 240 centimetri (un piede è 30,48 cm.). Comprai anche una coda di topo DTF5 e un mulinello Daiwa e alcune mosche, come la Red Spinner, la March Brown e la Coch y Bondhu.

Carico d'entusiasmo, volli tentare la prima uscita di pesca, consapevole del fatto che non sarebbe stato facile.

Più volte ripetevo a me stesso:

"Ho imparato bene le altre tecniche, conosco la pesca, imparerò anche questa tecnica, devo solo concedermi il tempo giusto che ci vorrà per imparare."

Arrivato sul fiume, montai la canna, infilai la coda di topo negli anelli a serpentina e estrassi dal mulinello ancora 3 o 4 metri di coda. A questa collegai 2 metri del nylon dello 0,30 e sul finale del nylon legai nuovamente un nylon più sottile di circa 60 centimetri dello 0,14.

Dovevo scegliere la mosca e osservando gli insetti volare notai qualcuno tendente al rosso, quindi mi sembrò logico innescare come mosca una Red Spinner.

Adesso viene il bello.

"Come devo lanciarla questa mosca?
Concentriamoci sul lancio!"

Pensai.

E così cominciai a ripassarmi mentalmente le immagini che a suo tempo avevo visto in quel bel documentario in televisione.

Per alzare la coda feci un accenno di doppia trazione, cioè alzando la canna con la mano destra e nello stesso momento tirare verso di me la coda di topo con la mano sinistra, cercando di stenderla bene alle mie spalle, ma per quanto mi impegnassi, la coda di topo cadeva sempre in acqua avvolgendo tutto il finale mosca compresa.

"C'è qualcosa che non va!"

Esclamai.

Dopo molti tentativi mal riusciti, a malincuore decisi di smettere e tornai molto deluso verso casa. Nei giorni successivi a quella triste esperienza, mi stavo accorgendo che lentamente si stava affievolendo il fascino iniziale che avevo provato per questa tecnica.

Non è mia abitudine mollare le cose anche se non vanno per il verso giusto, dovevo escogitare qualcosa per rimediare, perciò decisi di comprarmi un libro sulla pesca a mosca dove insegnava questa tecnica nel modo corretto.

Grazie a quella preziosa lettura, compresi che avevo

sbagliato quasi tutto. Sbagliavo la costruzione dei finali decrescenti in nylon, non alzavo bene la canna durante il lancio e non stendevo bene la coda di topo alle mie spalle per poterla rilanciare poi in avanti.

Non possiamo improvvisarci lanciatori se prima non abbiamo fatto un po' di pratica. Il lancio nella pesca a mosca è importantissimo, ci vuole moltissima esperienza, guai a voler fare le cose in fretta, nella peggiore delle ipotesi vorrebbe dire smettere dopo poco tempo e tornare a pescare con le solite tecniche e le solite esche, come bigattini e lombrichi.

Dovevo ripartire da zero e dimenticarmi tutto per ricominciare col piede giusto. Per fortuna poco dopo mi giunse all'orecchio che a Prato, presso la società di pesca sportiva Giunti, tenevano dei corsi di pesca a mosca. Senza indugio e senza un attimo di esitazione andai subito a iscrivermi.

Il corso era diviso in due parti. La prima comprendeva delle lezioni di teoria su tutto ciò che riguardava la pesca a mosca, e queste lezioni venivano svolte in sede la sera dopo cena. Poi c'era la parte pratica che veniva svolta il sabato pomeriggio, dove venivano impartite le lezioni di lancio direttamente sul fiume. Devo riconoscere che questi istruttori furono veramente bravi, molto pazientemente ci trasmisero nel modo migliore tutta la loro esperienza, e grazie a loro ho imparato veramente che cos'è la pesca a mosca.

Una volta finito il corso, decisi di mettere in pratica quello che avevo imparato. Nei pressi di casa mia si trovava una piccola cava, dove a suo tempo ci estraevano l'argilla, ed era diventata un piccolo laghetto. Quando la osservavo nel tardo pomeriggio dopo il lavoro, vedevo spesso dei piccoli cerchi sulla superficie dell'acqua, erano i pesci che bollavano sugli insetti.

Era il posto giusto per mettere in pratica quello che avevo imparato durante il corso. Non importava lanciare lontano perché vedevo movimento di pesci che passavano in continuazione tra un banco di alghe e l'altro.

Sulla vegetazione circostante vedevo volare delle libellule e anche molte api, non avevo nessuna mosca che assomigliava a queste, ma mi sembrò opportuno tentare con la March Brown.

Lanciai là dove finivano i banchi delle alghe e una volta in acqua feci vibrare la mosca come se fosse viva. Queste vibrazioni non tardarono a fare effetto perché poco dopo vidi un pesce balzare fuori dall'acqua con la mosca in bocca e ricadere rumorosamente dentro. Si trattava di un Black Bass, non era tanto grande, ma era molto combattivo.

Che gioia, che emozione! Avevo pescato il mio primo pesce con la mosca artificiale, era il giusto premio dopo tutto il tempo che avevo dedicato all'apprendimento di questa meravigliosa e affascinante tecnica.

Questi momenti rimangono impressi nella mente e non si dimenticano mai. Lo ricordo ancora oggi come se fosse ieri.

Seguirono ancora delle catture, sempre piccoli pesci, ma molto divertenti. Oltre ai Bass quel giorno catturai anche delle scardole e persino dei persici sole.

D'accordo, non sono grandi catture, ma la gioia fu immensa perché quel giorno finalmente pescai nel modo giusto e catturai diversi tipi di pesci. Avevo compreso perfettamente che non è tanto il pesce che prendi, ma in che modo lo prendi.

Quando ripensavo al corso di pesca a mosca che avevo fatto, naturalmente mi tornavano alla mente le immagini delle rive del Bisenzio, e la mia voglia di tornare su quelle rive a pescare cresceva giorno dopo giorno. E così feci.

Andai a pescare e arrivato sul fiume, osservai con calma il sottoriva. Notai subito dei cavedani che entravano e uscivano dai rami di un tronco sommerso dall'acqua.

L'acqua non era profonda e un fitto cespuglio mi nascondeva alla loro vista. Questi cavedani nuotavano tranquilli proprio sotto di me. Stavo pensando al modo migliore per fare arrivare la mosca in acqua, che era molto trasparente.

Questa situazione mi permetteva di poter osservare bene con i miei occhi le reazioni che avrebbe avuto il cavedano nei confronti della mia mosca.

Dal mulinello estrassi soltanto 2 metri circa di coda, accoppiando un finale di circa 1 metro dello 0,14. Avendo visto volare nei pressi della vegetazione alcuni insetti sul marrone chiaro, decisi di montare come mosca la March Brown.

Alzai il braccio lanciando, e tenendo la canna alta, feci saltare il cespuglio alla mosca artificiale posandola leggermente sulla superficie dell'acqua. Un cavedano si fermò per un attimo, girò la testa verso la mosca e cominciò a osservarla.

"Devo farla agitare leggermente per far capire al pesce che si sarebbe potuta rialzare in volo e sfuggirli!"

Pensai.

Il cavedano lentamente si stava avvicinando alla mosca e si fermò un attimo. La osservava ancora. Allora feci compiere alla mosca dei piccolissimi accenni di salti e finalmente vidi il cavedano aprire la sua bocca, aspirare la mosca e richiuderla.

"È il momento di ferrare!"

Pensai, e così feci.

Già pregustavo la cattura, stavo per prendere il mio primo cavedano con la mosca artificiale ed era sembrato tutto anche abbastanza facile. Ma ahimè, purtroppo non andò così, ferrai, e con enorme delusione, sentii la mosca venire su in modo leggero e vidi il cavedano allontanarsi.

"Perché! Perché!"

Mi sono domandato più volte.

Ci ho riflettuto tantissimo su questa mancata cattura, posso garantirvi che mi ha insegnato molto più del dovuto. I nostri fallimenti spesso sono i nostri più grandi maestri. Possiamo imparare molto dai nostri insuccessi.

Il cavedano è il pesce meno desiderato dai pescatori a mosca, eppure è quello più pescato perché non ha stagioni di chiusura e si trova ovunque. È un pesce molto astuto, sospettoso, è sempre diffidente anche davanti all'imitazione della mosca più perfetta.

Dove l'acqua è profonda e lenta il cavedano ghermisce il nostro artificiale dal basso verso l'alto, senza neppure rompere la superficie dell'acqua, notiamo soltanto un impercettibile cerchio e in un attimo ha già rilasciato la nostra mosca.

Bisognerebbe ferrare in anticipo per cogliere l'attimo giusto, ma questo è impossibile. È questa la sfida all'astuto ciprinide: imparare bene l'attimo giusto per la ferrata! Serve tanta pratica, tanta tanta pratica, solo allora potremo toglierci delle belle soddisfazioni. La costanza paga sempre.

I Comportamenti dei Pesci

Dopo avervi spiegato il comportamento del cavedano, voglio accennarvi in generale come si comportano i pesci in acqua quando vogliono procurarsi il cibo. Sono cose molto importanti da conoscere, perché in base a questo saremo in grado di scegliere il metodo di pesca più adatto.

Tutti i pesci insettivori sono condizionati dal ciclo biologico degli insetti.

Quando notiamo il pesce in attività sul fondo, significa che sta cacciando le larve e le ninfe che sono uscite allo scoperto dai loro rifugi. In questo caso l'imitazione giusta da presentare al pesce sarà una piccola ninfa molto piombata per farla arrivare sul fondo. Se notiamo che il pesce dal fondo sale verso la superficie, possiamo dedurre che è in atto una metamorfosi e in questo caso dobbiamo usare una ninfa meno piombata.

Se invece il pesce sale in superficie e arriva sotto il pelo dell'acqua, vuol dire che un'altra metamorfosi è in atto. Possiamo usare in questo caso una ninfa non piombata o una mosca sommersa che viaggerà sotto il pelo dell'acqua.

Quando vediamo dei cerchi in superficie, vuol dire che il pesce sta cacciando a pelo d'acqua - in gergo si dice che il pesce sta bollando – questo ci indica la presenza di insetti che stanno portando a termine il loro sviluppo o che hanno già completato la loro metamorfosi. Questo è il momento magico della pesca con la mosca secca a galla.

Questi comportamenti dei pesci, influenzati dalle metamorfosi degli insetti, ci indicano la tecnica di pesca da praticare. Adesso saprete scegliere la tecnica giusta tra queste tre tecniche diverse: la pesca a mosca con la ninfa, la pesca con la mosca sommersa e la pesca con la mosca secca.

Adesso andiamo a vedere in maggior dettaglio queste ultime due tecniche.

La Pesca con la Mosca Sommersa

Questa tecnica è molto redditizia, possiamo praticarla in ogni periodo dell'anno e in tutte le possibili condizioni ambientali. Questo potrebbe sembrare in contrasto con quello che ho detto prima perché non c'è un riferimento fra le attività del pesce e le metamorfosi degli insetti.

Ma lasciatemi spiegare meglio. Una attenta osservazione ci lascia dedurre che il pesce non attacca il nostro artificiale solo per procurarsi il cibo, ma lo fa anche per altri motivi. Ebbene si, il pesce non attacca solo per una questione alimentare.

Premetto che non possiamo conoscere i pensieri di un pesce e conoscere la sua psicologia, ma quando le situazioni si ripetono più volte possiamo stabilire che ci sono delle regole di comportamento.

Molte volte il pesce vuole giocare ed è stimolato al gioco dal nostro artificiale. Così può passarci vicino, spingerlo in qua e in là e può rimanere allamato proprio mentre sta giocando.

Altre volte aggredisce l'artificiale per difendersi, perché questo piccolo esserino ha stimolato il suo istinto di difesa territoriale, oppure perché è rimasto ingannato dal gioco.

Anche la curiosità spinge il pesce a toccare con la bocca questo curioso oggettino. Gli animali si incuriosiscono facilmente. Questi sono una serie di comportamenti che non c'entrano nulla con il procurarsi il cibo.

Concludo dicendovi che la pesca con la mosca sommersa si pratica discendendo il corso d'acqua da monte a valle.

Questo ci permetterà un migliore controllo dell'artificiale e potremo così rispondere più tempestivamente all'abboccata, anche se a volte abbiamo l'impressione che il pesce rimanga allamato da sé.

La Pesca con la Mosca Secca

Se la tecnica a mosca sommersa possiamo praticarla praticamente tutto l'anno, la pesca con la mosca secca è consigliabile praticarla nel periodo estivo, perché troviamo più concentrazione di insetti nelle vicinanze di ogni corso d'acqua.

Impariamo ad osservare gli insetti, a riconoscere all'ordine a cui appartengono, e soprattutto fare attenzione alle loro forme e ai loro colori, perché più la nostra imitazione si avvicinerà all'insetto reale e più sarà facile convincere il pesce ad abboccare.

Sono le classiche bollate che vediamo sull'acqua che ci suggeriscono di pescare a mosca secca, tutti quei cerchi fatti dal pesce che sta bollando in superficie ci avvisano che è quello il momento magico della pesca a mosca secca. Il pesce è in piena frenesia alimentare, si getterà con fiducia sulle nostre imitazioni senza pensarci due volte.

Il pescatore attento non si lascerà sfuggire questa ghiotta occasione e lascerà da parte le altre tecniche.

Purtroppo molti pescatori snobbano questa attività di osservazione della natura, è molto importante prima di cominciare a pescare avvicinarsi al fiume e scrutare la vita dei suoi abitanti. Chi leggerà bene la situazione di quello che sta accadendo sul luogo di pesca, sarà ricompensato con delle belle catture.

Questa tecnica viene praticata risalendo il corso d'acqua, dobbiamo lanciare da valle verso monte e possiamo effettuare dei lanci trasversali oppure anche contro corrente.

Sarà molto importante essere bravi a lanciare la nostra mosca con precisione a breve distanza da dove il pesce è in caccia. Così facendo la corrente porterà in modo insospettabile e naturale la nostra esca davanti alla bocca del pesce.

Ricordate che la nostra mosca si deve comportare sull'acqua come un insetto vero.

3.
Le Mezze-moschette

Uno degli inconvenienti che maggiormente si verifica pescando con gli insetti naturali oppure con i lombrichi, è l'impossibilità di mantenere nel tempo la forma dell'esca durante il succedersi dei lanci.

Questo perché dopo appena qualche lancio, l'esca si ammassa sul collo o sulla punta dell'amo presentando un insieme privo di forma scoprendo il nodo del nylon e la paletta dell'amo.

Queste sono tutte situazioni che impediscono al pesce di abboccare rendendo improduttiva la nostra pesca.

Per evitare questo grave inconveniente, per fortuna esistono le mezze-moschette.

Cosa sono? Ve lo dico subito!

Si tratta di un artificiale che per metà è ricoperto dal filo di seta (oppure dal filo di cotone) per fare il corpo e la testa con le relative hackles (le piume della penna), mentre per l'altra metà dell'amo è innescato con l'esca viva, tipo bigattini, bruchi o lombrichi.

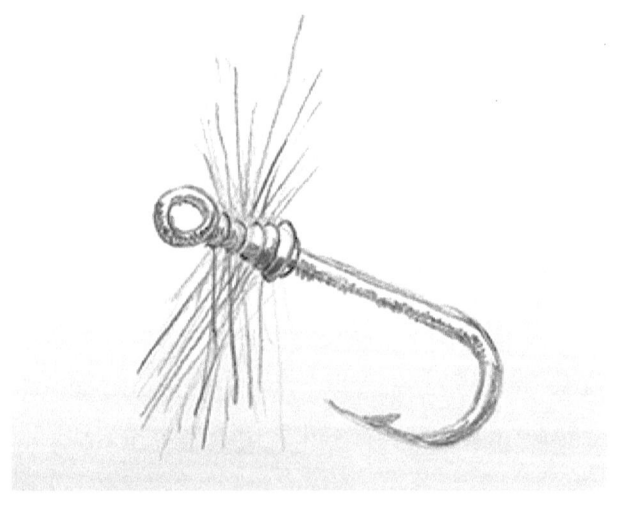

Fig. 1: La mezza-moschetta senza esca viva.

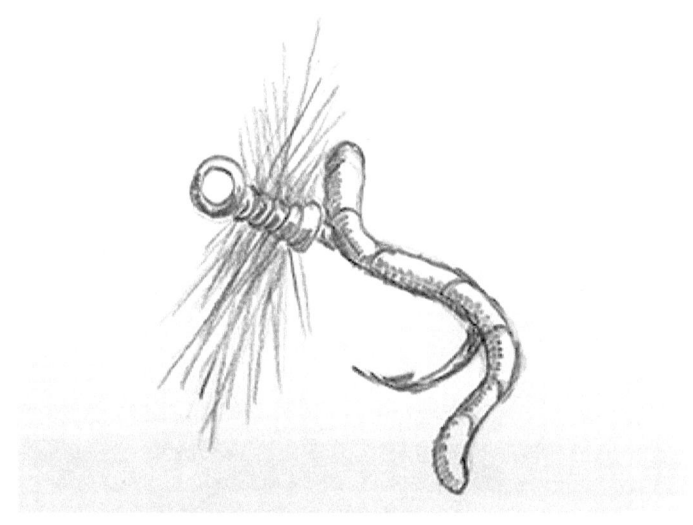

Fig. 2: La mezza-moschetta con esca viva.

La mezza-moschetta può servire anche per un'altra ragione. Molti amici pescatori vorrebbero iniziare a pescare con la mosca, sono tentati, ma gli manca il coraggio per iniziare e non si sentono ancora pronti ad abbandonare le esche vive per quelle artificiali.

Bene, questa tecnica molto semplice vi traghetterà dalla pesca esercitata con le esche vive a quella con le esche artificiali.

Noterete che il pesce abboccherà tranquillamente all'esca artificiale scambiandola per un'esca naturale, e sarà grazie alle vibrazioni e al sapore dell'esca viva, che permetterà al pesce di tenere per qualche attimo in più la mezza moschetta in bocca, permettendoci una ferrata tranquilla.

4.
Come Conobbi La Tenkara

Sono molto riconoscente verso le mezze-moschette perché è stato proprio grazie a loro se ho potuto ascoltare per la prima volta la parola Tenkara.

Mi ero costruito una mezza-moschetta in seta gialla con hackles di gallo bianco, da innescare con un bigattino.

Il Bisenzio era vicino a casa, era facilmente raggiungibile e c'erano molti pesci. Ormai lo conoscevo bene, era diventato il mio fiume preferito. Era il fiume ideale per sperimentare la tecnica delle mezze-moschette.

Mi recai sul fiume, ai margini di una cascata, dove l'acqua scorreva veloce al centro, mentre ai lati scorreva più lentamente. In questi angoli più lenti c'erano molte pietre sul fondo con alcuni scogli affioranti. Quindi fu logico dedurre che c'erano molti rifugi per il pesce.

Montai la mia canna fissa di 4 metri 50 centimetri con lenza libera, senza piombi e galleggiante, legai una mezza-moschetta costruita su un amo del 14, innescata con un bigattino. Lanciai nella cascata, dove l'acqua cadendo dall'alto formava una bella schiuma bianca, e lasciai trasportare l'esca dalla corrente, tenendola in leggera tensione con il filo.

Arrivata a fine passata recuperai la mezza-moschetta e rilanciai nuovamente. Mentre stavo controllando attentamente il filo che stava passando tra due scogli, sentii all'improvviso un colpo deciso e vidi il vettino della mia canna che cominciava a piegarsi sempre di più.

"L'ho preso! Le mezze-moschette funzionano!"

Dissi a me stesso.

Dopo una breve resistenza, portai a riva un cavedano. Anche se non era molto grosso, mi era servito per darmi fiducia. Infatti, continuando a pescare, catturai ancora altri cavedani.

Naturalmente pescando a lenza libera, senza nessun tipo di piombatura, il lancio era molto corto. Decisi allora di aggiungere un piccolo piombino a 30 centimetri dalla mezza-moschetta, per poter lanciare più lontano e per far affondare un po' di più l'esca.

Quindi, rilanciai di nuovo l'esca, ma questa volta molto più lontano. La mezza-moschetta prese la corrente e lentamente affondava sempre più.

Il nylon stava passando fra due scogli affioranti, quando all'improvviso sentii un colpo molto forte sulla punta della canna. Mi resi subito conto che si trattava di un'abboccata diversa dalle altre.

"Questo non è un cavedano!"

Esclamai.

Stavo osservando compiaciuto tutta la flessibilità della canna che in quel momento era molto piegata. Il pesce si manteneva costantemente sul fondo e cercava di risalire la corrente.

"Chissà che pesce è..."

Pensai.

Dopo qualche minuto, capii che avevo ragione, non era un cavedano. Quando vidi questo pesce rimasi un po' stupito all'inizio. Notai subito le sue piccole squame, il suo colore bruno verdastro che aveva sul dorso. Tendeva al giallo nei fianchi e quasi bianco nel ventre e aveva una bocca molto carnosa dalla quale pendevano quattro bargigli.

"È un barbo, ecco perché tirava in lungo e largo!"

Esclamai.

Non ci crederete, ma in quella battuta di pesca con le mezze-moschette - facendole razzolare sul fondo mentre venivano trasportate dalla corrente - riuscii a prendere ben 11 barbi. Più tutti quei cavedanelli che avevo pescato in superficie senza il piombino.

Provate ad immaginare. Ero soddisfattissimo perché avevo praticato una tecnica nuova che non conoscevo e in più avevo pescato diversi pesci.

E la Tenkara? Vi starete chiedendo. Bene, durante la mia battuta di pesca vidi in lontananza avanzare due pescatori. Erano distanti poche decine di metri l'uno dall'altro, tutti e due pescavano con la stessa tecnica: un lancio, una pausa e via.

Si stavano avvicinando sempre di più a me. Li stavo guardando e pensavo erroneamente che stavano pescando a mosca. Quando il primo pescatore si trovò vicino a me ci scambiammo un saluto, il classico "Salve, come va?".

Nella sua attrezzatura notai però qualcosa di diverso, non aveva né il mulinello né la coda di topo, però la canna era molto bella, aveva il manico in sughero, il colore era di un nero cangiante, era sottile e flessibile.

Curioso come sono, gli feci delle domande riguardanti

la sua canna e il suo modo di impiegarla. Fu molto gentile, mi disse che stava pescando a tenkara, che era molto più semplice della pesca a mosca perché possiamo spostarci più agevolmente sul fiume, è meno impegnativa e non importa essere dei bravi lanciatori.

Lo ringraziai per le risposte e ci salutammo. Nei giorni successivi ripensai alle parole di quel pescatore e la sua tecnica: la Tenkara.

In un attimo mi tornarono alla mente dei ricordi lontani, ma molto belli, quando mio figlio era molto piccolo e insieme guardavamo i cartoni animati alla TV. C'era un cartone che seguivo in modo particolare, era Sampei, il ragazzo pescatore. Mi affascinava quell'esile cannetta in bambù, ma ancor di più il suo entusiasmo e la facilità con cui riusciva a prendere i pesci.

Quei video esprimevano la gioia per la pesca, la semplicità dell'attrezzatura e comprendevo che per divertirsi bastava veramente poco.

Associando Sampei a quello che mi aveva detto quel pescatore, trassi la conclusione che anche Sampei pescava a tenkara. Improvvisamente sentii il desiderio di saperne di più. Purtroppo non riuscivo a trovare nessuno che potesse darmi le informazioni necessarie. Ho dovuto fare molte ricerche, ma alla fine sono riuscito a trovare delle informazioni abbastanza esaustive.

Avendo praticato la pesca a mosca per molto tempo, ho dovuto riconoscere che l'impatto con la tenkara è stato molto semplice. Ma la cosa che mi ha entusiasmato di più è il divertimento, la pura essenza della pesca, la gioia ritrovata che questa tecnica riesce a regalarti.

Non posso sapere se chi sta leggendo questo libro sia una persona che sa poco o niente sulla tenkara, oppure sia un esperto pescatore. In ogni caso, quello che farò in queste pagine, sarà quello di cercare di trasmettervi tutto ciò di cui sono a conoscenza.

5.
La Tenkara

La Tenkara è un'antica tecnica di pesca a mosca giapponese. Il suo scopo era quello di catturare i vari tipi di trote e salmerini nei vari torrenti di montagna. Non era praticata per sport o passatempo come facciamo ai nostri tempi, ma era esercitata per una questione di sopravvivenza. Se catturavi il pesce, mangiavi, altrimenti saltavi il pasto.

I pescatori si tramandavano di padre in figlio i segreti che l'esperienza gli aveva insegnato.

Il territorio era ricco di bambù ed era molto facile per loro procurarsi questo materiale con il quale ognuno di loro si costruiva la propria canna da pesca. La lenza era ricavata dal crine di cavallo intrecciato con spezzoni decrescenti. Anche le mosche erano realizzate in modo molto semplice e pratico, usando materiali di facile reperibilità tipo piume di gallina per le hackles e fili vegetali per il corpo della mosca. Ma nonostante questo erano mosche molto catturanti.

Questo conferma la mia teoria derivata dall'esperienza: non è la mosca che conta ma è come la presenti al pesce e come riesci a renderla viva.

La tenkara comincia a diventare un passatempo a partire dagli anni '60. Prima era una questione di sopravvivenza e di professione.

A partire dagli anni '80 comincia a diffondersi sempre di più come sport grazie anche gli scritti di Yamamoto Soseki, che per molti è il padre moderno della tenkara.

Le Origini della Parola Tenkara

Con la parola tenkara ci si riferisce alla pesca a mosca tradizionale giapponese. Le origini della parola "tenkara" sono avvolte in un alone di mistero, anche perché non esiste un vero e proprio "kanji" per questa parola. I kanji sono i caratteri di origine cinese usati nella scrittura giapponese in congiunzione con i sillabari hiragana e katakana.

In ogni caso, ci sono molte testimonianze che la parola tenkara veniva usata per riferirsi a questa tecnica di pesca a mosca.

In passato, i Kijishi – gli artigiani tagliategna nella regione del Tōhoku in Giappone - usavano le parole tegara, tenkara, tengura, tenkarako o tenkako per descrivere gli insetti volanti (Discover Tenkara, n.d.). Quando si riferivano alla pesca a mosca usavano il termine *tenkara-tsuri*.

Quando alcune riviste di pesca giapponesi parlavano della pesca a mosca senza bobina che promuoveva Yamamoto Soseki nei suoi libri, veniva chiamata a volte *kebari-tsuri*, altre volte invece *tenkara* o *tenkara-tsuri*.

Le mosche artificiali per la pesca a mosca venivano chiamate kebari. Questa parola nasce dalla fusione di altre due, la prima è *ke* e significa piuma, mentre l'altra è *hari* che significa ago, ma può essere tradotta anche in amo per pescare. In passato gli ami erano costruiti con aghi da cucito, manualmente piegati fino ad ottenere la forma voluta, ecco perché possiamo accettare questa doppia traduzione. La parola *ke* più *hari* per un motivo di pronuncia prende il suono di kebari.

Alcuni lettori con tutti questi termini potevano confondersi tra la moderna pesca a mosca con il mulinello e la classica senza bobina. Qui venne in aiuto Yuzo Sebata, un altro grande maestro della tenkara che ha consolidato l'uso del termine "tenkara" nella rivista Tsuribito (Pescatore) negli anni '80 (Gaskell, 2020). Ci spiegò che la tecnica senza mulinello che deriva dalla tradizione Shokuryoshi deve essere chiamata tenkara.

Gli Shokuryoshi non pescavano per divertimento, erano i pescatori che commerciavano le trote, e non si preoccupavano dei mulinelli perché i mulinelli non erano necessari (Lyle, 2019).

Non serviva lanciare lontano nei ruscelli di montagna e non era necessario il mulinello nella cattura. Facevano come faccio spesso io nei miei video di pesca: tiravano su la canna e prendevano la lenza in mano per tirare il pesce ai piedi. La prima definizione della parola "tenkara" è stata tradotta da noi occidentali in modo molto semplice con questo significato: dal cielo. Il senso è questo: dal cielo cadono le mosche in acqua, delle quali il pesce si ciba e quindi è una traduzione accettabile che combacia perfettamente con il ciclo naturale dell'insetto e della alimentazione del pesce. Un'altra chiave di lettura simile è che il pescatore fa arrivare la sua mosca in acqua dal cielo.

La Filosofia e la Cultura della Tenkara

Riferirsi alla tenkara solo come una semplice e banale tecnica di pesca a mosca sarebbe molto riduttivo e sbagliato.

La filosofia della tenkara conserva e onora molti dei valori e delle abilità che avevano i professionisti della montagna. Tra questi, non c'erano solo gli Shokuryoshi, ma anche i Kijishi che erano i taglialegna e artigiani del legno che abbiamo nominato in precedenza.

Producevano piccoli oggetti in legno tornito destinati alla laccatura, oltre a normali ciotole, mestoli e vassoi non laccati. Originariamente erano dei migratori, spostavano la loro base operativa da una valle di montagna all'altra ogni circa dieci anni. Formavano delle comunità semipermanenti dove le risorse lo consentivano integrando la loro lavorazione del legno con l'agricoltura (Wigen, 1995).

Ci è facile pensare che il sapere e l'arte della lavorazione del legno dei Kijishi abbia contribuito in qualche modo alla costruzione di ottime canne da pesca e alla costruzione di quei fantastici guadini in legno di una volta.

Tra questi professionisti c'erano anche i Matagi che erano i cacciatori delle foreste di montagna, sempre nella regione di Tōhoku, situata nel nord del Giappone. Cacciavano prevalentemente orsi.

Pregavano prima di entrare nel sacro regno della montagna, dove trascorrevano ore ad ascoltare, aspettare e guardare, rilevando segni quasi impercettibili che un orso è vicino (National Geographic, 2017). I Matagi esistono ancora oggi, e continuano a cacciare con le stesse armi che utilizzavano i loro antenati ancestrali.

La loro cultura è incentrata sulla loro fede negli dei della montagna. Per loro la caccia è uno stile di vita e non è una forma di sport. Anche se può sembrare un paradosso, la loro caccia è molto rispettosa e trasmette una identità profondamente legata alla terra e agli animali che cacciano. Dopo aver catturato la preda lasciano una parte dell'intestino dell'orso come offerta alla dea della montagna (National Geographic, 2017). Gli animali cacciati sono percepiti come doni degli dei della montagna.

In qualche modo possiamo dire che la tenkara è figlia di queste culture di questi professionisti delle montagne.

Ad esempio le abilità degli Shokuryoshi provengono molto probabilmente dai Matagi, perché quando andavano a caccia di orsi, pescavano spesso il salmerino bianco, per spostarlo in corsi d'acqua dove non c'era o era poco presente (Discover Tenkara, n.d.). Era il loro pasto di riserva se la caccia gli andava male. Queste sono lezioni di pesca e di sopravvivenza che venivano tramandate a questi clan dei professionisti delle montagne.

Una persona che incarna questo spirito genuino della tenkara è sicuramente Yuzo Sebata che ha dedicato la sua vita allo sviluppo e alla promozione della filosofia e della pratica della tenkara. Ha sostanzialmente inventato l'esplorazione "genryu" ad alto rischio e follemente avventurosa, combinata con la pesca a tenkara ispirandosi ai Matagi e agli Shokuryoshi.

Sebata-san aveva una grande conoscenza dell'ambiente, si arrampicava, nuotava, si foraggiava e si accampava per settimane all'interno delle vecchie grotte e dei rifugi Matagi come un impavido esploratore per accedere alle zone più remote e incontaminate dei ruscelli di montagna. Queste fonti e sorgenti sono chiamati "genryu".

Questa era la tenkara di Sebata-san, l'avventurosa genryu-tenkara che ha ispirato molti appassionati di outdoor.

I suoi amici dicevano che Sebata-san in realtà condivide la stessa personalità dell'iwana che insegue (Gaskell, 2020). L'iwana è il nome giapponese del salmerino bianco, una trota dell'Asia orientale. Questi pesci hanno la caratteristica di continuare a nuotare sempre più a monte, quindi a risalire i corsi d'acqua, e lo fanno ben oltre i limiti delle trote e dei salmoni giapponesi.

Come il salmerino bianco, Sebata-san aveva quella inarrestabile voglia di continuare a muoversi sempre più a monte per trovare i propri limiti, oltre che a raggiungere - ed eventualmente scalare - l'ostacolo che ha sconfitto l'iwana in ogni sistema fluviale (Tenkara Angler, 2020).

Per gli appassionati del genryu-tenkara naturalmente la pesca è solo una piccola parte dell'intera esperienza. Non è solo una combinazione tra escursioni, arrampicate e campeggio, è qualcosa di ancora più estremo come nuotare con uno zaino dove hai tutto all'interno, attraversare l'acqua con delle corde e anche sopravvivenza in terreni difficili.

"La pesca a Tenkara è molto semplice,
il che mi fa sentire parte delle montagne."

Yuzo Sabata

La genryu-tenkara è solo una delle varianti della tenkara. A partire dagli anni '80 oltre alla diffusione della tenkara tradizionale, cominciarono a svilupparsi altre tecniche figlie della tenkara. Queste differivano dalle canne utilizzate alla costruzione della lenza. Ad esempio alcune accettavano l'uso delle Level Line.

Ma nonostante ci siano scuole diverse, tutte si fondano sulle abilità degli Shokuryoshi che procuravano il cibo alle loro famiglie e che commerciavano il pesce.

Ti sorprenderà sapere che ancora oggi esistono dei maestri della tenkara che hanno vissuto la vita di uno Shokuryoshi professionista. Non si sono tutti estinti e alcuni lo fanno ancora oggi per almeno parte della loro vita (Discover Tenkara, n. d.).

6.
Tenkara e Valsesiana

La Tenkara è molto simile alla nostra Valsesiana, una tecnica di pesca a mosca praticata da secoli nella Valsesia, una valle alpina della provincia di Vercelli in Piemonte ai piedi del Monte Rosa.

Anche lei viene praticata senza mulinello e prevede solamente una canna fissa, una lenza in crine di cavallo e delle semplici moschette. Si differenzia dalla tenkara solo per pochi particolari. Come nella tenkara i segreti di questa pesca sono stati tramandati di padre in figlio.

I pescatori a mosca inglesi pescavano prevalentemente in acque tranquille e potevano lanciare l'esca molto lontano e farla galleggiare. Mentre in Valsesia, dove spesso ci sono correnti veloci e turbinose, non era possibile, allora si sviluppò una tecnica di pesca a breve distanza basata principalmente sull'impiego di mosche sommerse (Pesca Network, 2011).

La valsesiana è una pesca di movimento e la si pratica a salire, cioè risalendo il torrente da valle verso monte.

Nella tenkara viene usata una sola una mosca, mentre nella valsesiana ne vengono impiegate solitamente 3, a volte anche 4 fino ad un massimo di 5. Queste mosche legate insieme formano il cosiddetto "trenino valsesiano", e la sua lunghezza può variare dai 70 ai 100 centimetri circa.

L'uso di più mosche non serve per cercare di catturare più di un pesce alla volta, anche se a volte può accadere occasionalmente, ma consente di presentare le mosche a diverse distanze e anche a diverse profondità in un unico lancio, questo ci aiuta a coprire l'acqua in modo più efficiente.

Ad esempio prendendo in riferimento le 3 mosche, la mosca di punta pesca sul fondo, quella al centro pesca a mezz'acqua, mentre la terza pesca in superficie.

Pescando in superficie la terza mosca può fungere anche da segnalatore d'abboccata per le altre due. La mosca superiore è tenuta in modo che quasi balli sulla superficie dell'acqua, quasi come la vecchia tecnica americana o britannica chiamata "dibbling the top dropper" (Stewart, n.d.).

Normalmente si pesca con tre mosche distanziate di circa 35 centimetri l'una dall'altra e la distanza dipende molto dall'ampiezza del torrente e dalla velocità dell'acqua (Boccardo, n.d.).

Le mosche solitamente vengono montate su degli ami grub, che sono quelli più arquati e ricurvi rispetto a quelli più comuni. In passato si utilizzavano ami privi di occhiello sui quali veniva legata la lenza e ci si costruiva sopra direttamente la mosca (Boccardo, n.d.).

Per realizzare queste mosche, solitamente vengono utilizzate piume che provengono dalla cacciagione tipica delle vallate piemontesi, come starne, coturnici, pernici, beccacce, fagiani e tordi (Boccardo, n.d.).

Le mosche sono sorprendentemente simili alle mosche kebari utilizzate nella tenkara.

Come abbiamo accennato prima, come nella tenkara, la lenza era costruita con il crine di cavallo. Veniva ritorto e legato a treccia in ordine decrescente. Quindi veniva realizzato in modo che si assottigliasse sempre di più verso l'estremità. Solitamente queste trecce partivano dai 18-20 crini vicino al cimino, fino a scendere a 2-4. A questa estremità poi veniva legato il trenino valsesiano.

Con le mosche nella Valsesia possiamo prendere diversi tipi di pesci, come la trota marmorata, la trota fario, la trota iridea, il salmerino alpino, il salmerino di fonte e il temolo. A volte possiamo prendere anche dei bei cavedani.

Concludiamo adesso parlando della canna. La canna valsesiana solitamente è compresa tra i 3,5 e i 4 metri. Può essere addirittura di lunghezza superiore, come ad esempio 4 metri e 70, se viene utilizzata nei fiumi di fondovalle.

La canna tradizionale è composta da tre pezzi, i primi due in canna dolce (Arundo donax) - materiale facilmente reperibile sugli argini dei fiumi - mentre il vettino è in bambù, perché più flessibile, sottile e resistente. In alternativa al bambù può essere usato il nocciolo o la sanguinella (Cornus sanguinea).

Il secondo pezzo è quello più corto e serve di raccordo tra il corpo della canna e il cimino. Quest'ultimo solitamente ha una lunghezza compresa tra i 50 e i 100 centimetri, ovviamente varia in base alle dimensioni degli altri pezzi, e serve a conferire resistenza e sensibilità a tutta la canna.

Tradizionalmente, le legature negli innesti erano effettuate in corda di canapa e poi passate nella pece e il tutto una volta terminato si comporta come un pezzo unico, flessibile ma resistente, in grado di consentire la cattura di pesci anche del peso di qualche chilo (Scalvini, n.d.).

Seppur con molte varianti moderne, è bello sapere che ancora oggi si producono artigianalmente queste meravigliose canne nella Valsesia. È molto importante mantenere e tramandare le belle tradizioni.

7.
L'Autocostruzione Della Canna In Bambù

In questo capitolo vi darò dei consigli molto utili per chi vuole cimentarsi nella costruzione delle proprie canne in bambù. Per prima cosa il bambù va tagliato nel periodo invernale, perché in quel momento la linfa è ferma.

La canna che dobbiamo tagliare deve avere almeno una lunghezza di 4 metri. Una lunghezza inferiore non va bene, significa che la canna non è abbastanza matura per essere tagliata. È consigliabile tagliarne diverse, così in caso di sciupo, avremo più pezzi a disposizione.

Possibilmente quando siamo davanti al canneto, cerchiamo di scegliere le canne più dritte, così perderemo meno tempo quando dovremo raddrizzarle.

Le canne raccolte vanno fatte essicare e stagionare in un luogo asciutto e ventilato. Quando saranno completamente essicate allora potremo passare alla fase di raddrizzamento. Potremo usare qualsiasi fonte di calore per scaldare la canna, un caminetto, un fornello a gas oppure un braciere, dipende da quello che avete a disposizione.

Un Momento di Riflessione

Ai giorni nostri, nell'era del consumismo, è raro vedere dei pescatori con canne in legno. Questo è davvero un peccato, perché nella loro semplicità racchiudono in sé, tutto il fascino della pesca.

Le canne in legno s'intonano bene con l'ambiente, sono costruite con materiale naturale di pochissimo costo e in caso di rottura di un pezzo, il pescatore stesso può sostituirlo in maniera molto semplice. Un'altra cosa bella di quando ci si costruiva le canne da soli, è che ogni canna era diversa perché ciascuno la personalizzava in base al proprio gusto e abilità nella fase di costruzione.

Ogni pescatore era fiero della propria canna, perché aveva scelto con cura ogni singolo pezzo, affinché avesse un'azione che rispondesse alle proprie esigenze.

Purtroppo tutto questo, inspiegabilmente un giorno cessò. Le canne telescopiche sostituirono quelle a innesti e la fibra di vetro prese il posto del legno. Sono molto più comode e meno ingombranti quando le trasportiamo andando a pescare.

A esser sincero anch'io la pensavo così, inoltre hanno dei bei colori e sono disponibili in varie lunghezze. Ma a volte non ci rendiamo conto che è soltanto una passerella continua nello sfoggiare le nostre canne mentre siamo in pesca.

Un saggio proverbio dice: "L'erba del vicino è sempre più verde". Molto spesso è vero, ai pescatori piace la canna degli altri.

Con il passare degli anni diventiamo tutti dei collezionisti. Negli anni abbiamo sempre comprato nuove canne, illudendoci che la prossima sarebbe stata l'ultima.

Sul mercato sono arrivate delle fibre nuove per la costruzione delle canne come il Kevlar, che è tre volte più resistente dell'acciaio e il 20% più leggero del carbonio. Il Boron, che è più solido dell'acciaio e più leggero dell'alluminio, e rende le canne più sensibili e resistenti. E il Carbonio, che ha una leggerezza eccezionale e assenza totale di vibrazioni.

Queste fibre sono pronte a soddisfare qualsiasi esigenza per il pescatore più evoluto. L'unica nota dolente potrebbe essere il prezzo visto che costano molto e magari non sono alla portata di tutti.

A volte, guardando e riflettendo su tutte le serie di canne che anch'io ho comprato in passato, si affaccia in me una sorta di forma di pentimento.

"Perché ho comprato tutte queste canne? Perché?".

Con tantissima nostalgia ripenso ancora alla mia prima canna in legno, formata da quattro pezzi a innesto. Era la canna che mi avevano regalato i miei genitori quando avevo 14 anni. Più volte ho sentito il desiderio di poterla avere di nuovo tra le mani e pescarci ancora una volta per rivivere quelle antiche emozioni di quando bastava veramente poco per divertirci.

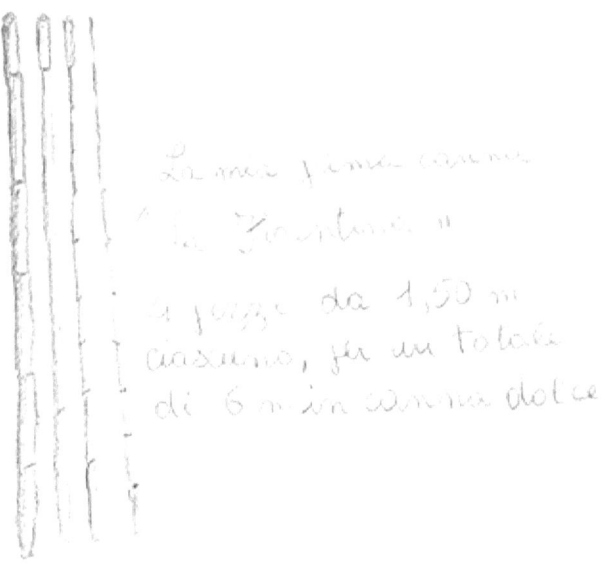

Fig. 3: La mia prima canna "La Fiorentina". 4 pezzi da 1,50 m ciascuno, per un totale di 6 m in canna dolce.

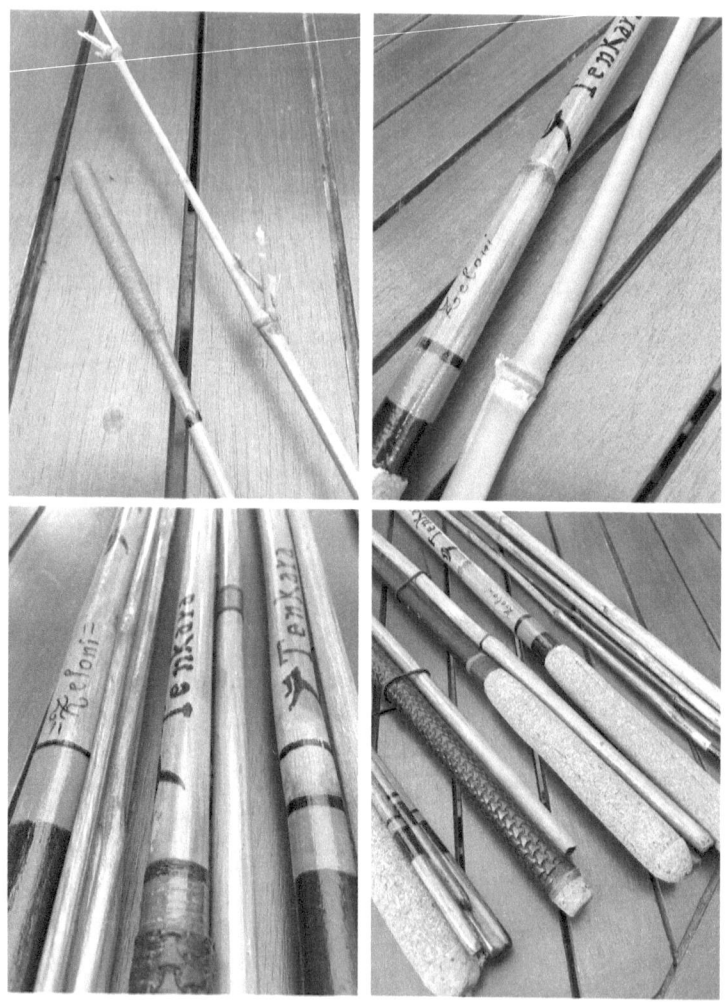

Fig. 4: Alcune delle mie canne in bambù autocostruite.

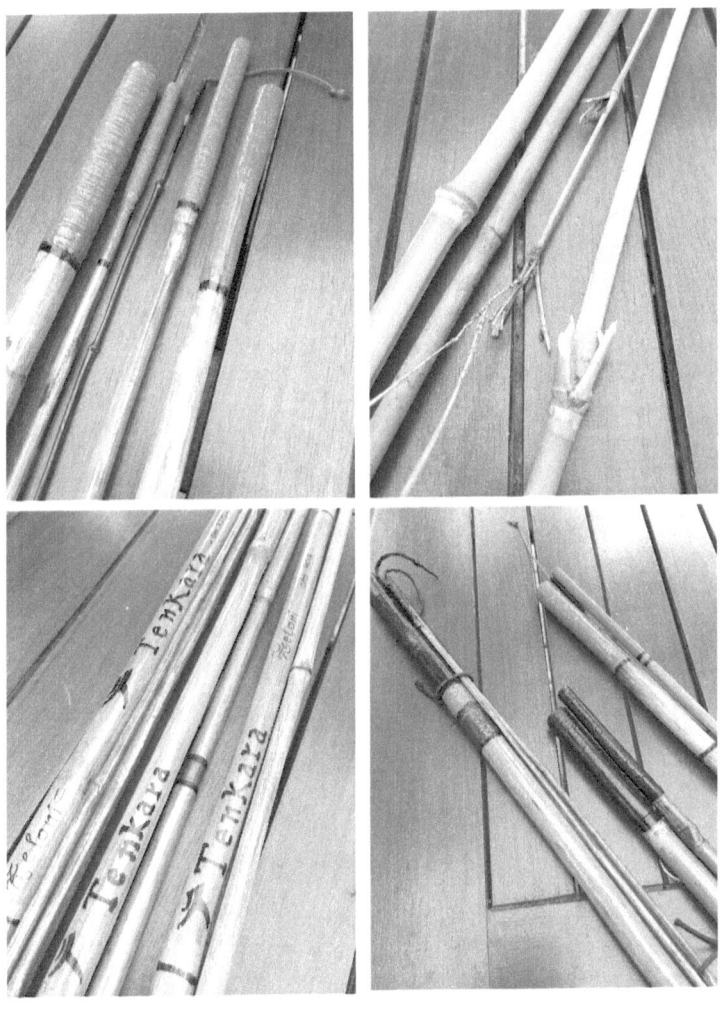

Fig. 5: Alcune delle mie canne in bambù autocostruite.

Canne Moderne e Consigli

In commercio troviamo anche delle canne da tenkara in fibra di carbonio, sono telescopiche e quindi sono molto pratiche nel trasporto. Hanno un ingombro di appena 54 centimetri e un peso inferiore ai 60 grammi.

La lunghezza di queste canne varia dai 320 centimetri ai 400 centimetri. Le canne di 320 centimetri vanno benissimo per i piccoli torrenti montani con poca vegetazione circostante, mentre le canne di 400 centimetri vanno bene per i torrenti più grandi e per i fiumi.

Bisogna calcolare che più lunga è la canna e più spazio libero dobbiamo avere intorno a noi al momento del lancio. Eviteremo così di agganciare la vegetazione circostante, compresi i rami degli alberi.

Ogni canna ha la sua azione ed è espressa in rapporto fra le parti rigide e quelle flessibili. Esempio: se sulla canna troviamo la scritta 7:3 vuol dire che le 7 parti inferiori della canna sono più rigide, mentre le altre 3 superiori sono flessibili. Le azioni più usate sono 6:4 e 7:3. Naturalmente in commercio troviamo anche canne molto più rigide con un'azione 8:2 oppure anche canne molto flessibili con un'azione di 5:5.

Queste informazioni sulle canne in commercio possono essere di ispirazione per le vostre autocostruzioni.

Concludo con un altro consiglio. Quando abbiamo finito di pescare e stiamo chiudendo la nostra canna, ricordiamoci di fare molta attenzione alle parti sottili della canna, perché sono molto delicate. Eviteremo così delle possibili rotture.

8.
I Fili Della Tenkara

Lanciare una mosca leggerissima in acqua, è reso possibile da una semplice cordicella che riesce a spingere in avanti il tutto grazie al peso di questa.

Questo tipo di cordicella per tradizione è affusolata, parte da uno spessore maggiore per finire a uno più sottile come la classica coda di topo impiegata per la pesca a mosca con canne di origini inglesi. Un altro tipo di cordicella molto usata è la level line, questa mantiene lo stesso spessore per tutta la sua lunghezza.

In commercio la troviamo in comode bobine e al momento del bisogno possiamo tranquillamente tagliarla nella lunghezza desiderata, è molto pratica e anche economica.

Il level line, nel sistema classico della tenkara, è lungo quanto la lunghezza della nostra canna. A questo sul finale aggiungeremo uno spezzone di nylon, chiamato anche tippet, della lunghezza che varia da circa 1 metro, fino ad arrivare a 1 metro e 50 centimetri, al quale legheremo sul finale la nostra mosca.

Personalmente ho sempre usato finali in nylon dello 0,12 oppure lo 0,14. Il finale in nylon serve a non far vedere la nostra cordicella al pesce e non dimentichiamoci che questa non deve mai appoggiare sull'acqua.

Quando peschiamo a mosca secca dovremo tenere alzato il nylon dall'acqua, dovrà toccare l'acqua soltanto la nostra mosca. Viceversa, quando peschiamo a sommersa, dobbiamo far affondare il nylon. Naturalmente per reagire prontamente all'abboccata del pesce dobbiamo tenere sempre appesa la nostra mosca con il filo in leggera tensione.

9.
Le Mosche Della Tenkara

Possiamo affermare con piena convinzione che nell'arco della lunghissima storia della Tenkara, sono stati impiegati moltissimi modelli di mosche artificiali.

Ogni regione del Giappone aveva i propri modelli di tradizione, un po' come noi occidentali, dove ogni regione ha le sue tradizioni.

Quando andiamo a pescare in un torrente e facciamo delle buone catture con un certo tipo di mosca, cosa faremo le volte successive che ritorneremo a pescare in quel posto? Naturalmente utilizzeremo sempre la stessa mosca, perché abbiamo la certezza che funziona visto che ci abbiamo già catturato dei pesci. Quindi non dovremo preoccuparci più di tanto nello scegliere la mosca giusta, ma piuttosto dovremo fare molta attenzione a come presentare la nostra mosca in acqua.

La posa in acqua deve essere delicatissima, in seguito dobbiamo darle vita con dei leggerissimi richiami, farla vibrare come un insetto vivo che cade in acqua accidentalmente e cerca di rialzarsi in volo.

Un modello di mosca Giapponese molto versatile è la famosa Kebari - che sarebbe più opportuno chiamare Sakasa Kebari - e la caratteristica che le differenzia rispetto alle altre sono le hackles voltate in avanti.

La Sakasa Kebari è quindi una "mosca rovesciata", con hackles inverse e sono molto semplici da realizzare. Possono essere impiegate anche nella pesca a mosca tradizionale. Abbiamo già visto che originariamente era creata per essere utilizzata nei corsi d'acqua giapponesi per la pesca di trote e salmerini autoctoni.

Un'altra differenza con le nostre mosche occidentali è che le nostre cercano di imitare degli insetti veri, mentre le Sakasa Kebari sono mosche più attrattive e impressionistiche, sono mosche di pura fantasia che invece di possedere le forme di un vero insetto, tendono ad avere tratti generalisti consentendo al pesce di indentificarla come meglio crede.

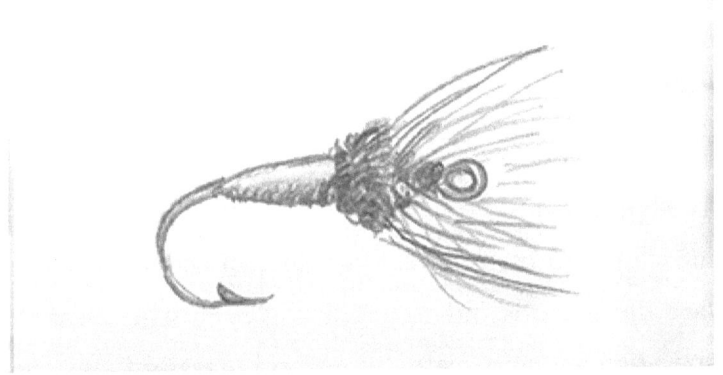

Fig. 6: Mosca Kebari

Come potete vedere dal mio disegno, la caratteristica principale della mosca kebari è che hanno le hackles rivolte al contrario rispetto alle mosche artificiali tradizionali.

Quando la lanciamo in acqua e la richiamiamo, le hackles pulsano dando l'impressione di un insetto che sta nuotando. Questo movimento è molto adescante, è irresistibile per il pesce. Questa mosca non imita nessun insetto specifico, possiamo tranquillamente definirla una imitazione d'insieme oppure di fantasia.

Questo modello può essere impiegato benissimo come mosca secca facendola appoggiare delicatamente sulla superficie dell'acqua. Se dopo qualche lancio la vostra mosca assorbirà acqua e navigherà sotto la superficie, potrà essere impiegata come mosca sommersa.

Le sue piume al contrario, la rendono un modello di mosca molto catturante. Quando è in acqua possiamo fare dei piccolissimi richiami con la nostra canna, le sue piume rovesciate in avanti faranno un bel movimento e sarà molto visibile agli occhi del pesce.

Gli Insetti Acquatici

Voglio svelarvi un piccolo segreto che ha fatto funzionare la mia pesca con la mosca. È molto semplice: ho osservato la natura. In particolar modo gli insetti acquatici e il comportamento di alcune specie di pesci che si nutrono di questi. Durante una schiusa - la metamorfosi di un insetto che passa dallo stato acquatico a quello aereo - notiamo un grande svolazzio di insetti intorno all'acqua. Alcuni insetti nuotano per brevi tratti, altri sono trascinati dalla corrente prima di prendere il volo. Naturalmente tutto questo richiama i pesci che salgono in superficie a ghermire questi insetti. A volte, con dei bei guizzi, i pesci escono fuori dall'acqua per prenderli al volo, altre volte con la stessa frenesia attaccano sotto la superficie dell'acqua. Osservando tutto questo spettacolo, ci sarà molto più facile comprendere che tipo di mosca dovremo impiegare.

Dalla nostra scatola porta mosche dobbiamo estrarre dei modelli molto simili agli insetti naturali che il pesce sta mangiando. Ecco perché è molto importante l'osservazione della natura, ci aiuta a capire quali insetti dobbiamo innescare sulla nostra canna. Naturalmente possono essere insetti acquatici oppure terrestri. Più avanti vedremo anche quest'ultimi.

Gli insetti acquatici che ci interessano per pescare a tenkara li troviamo in questi tre grandi Ordini presenti in ogni corso d'acqua: Efemerotteri, Tricotteri e Plecotteri.

Efemerotteri

Gli Efemerotteri, conosciuti anche come effimere, comprendono 2100 specie delle quali circa 200 si trovano in Europa.

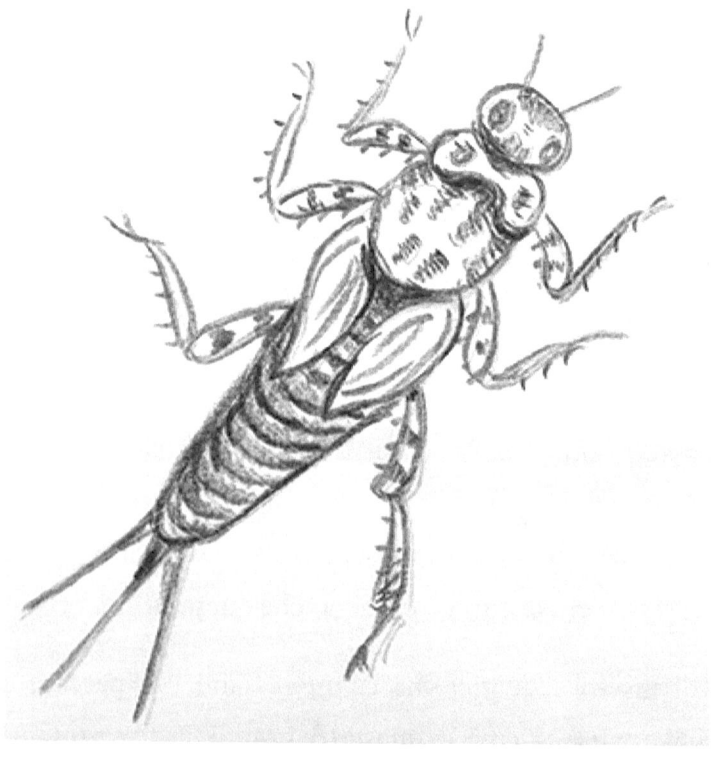

Fig. 7: Larva di effimera che vive in acqua per un lungo periodo.

Fig. 8: *Così diventa l'insetto che ha raggiunto la metamorfosi fuori dall'acqua, la sua vita sarà molto breve. Alcuni vivranno solo per poche ore, altri solo per pochi giorni.*

Hanno un corpo molto esile e delicato, in fondo all'addome notiamo due o tre appendici caudali. Le loro ali sono spesso trasparenti e piene di venature e ne possiedono quattro. Le anteriori sono più grandi e sviluppate mentre le posteriori sono più piccole. Quando l'insetto è in posizione di riposo, queste ali sono in posizione eretta.

Tricotteri

I Tricotteri contano circa 6000 specie e sono di medie o piccole dimensioni. Passano dallo stato iniziale di larva allo stato di ninfa, trascorso un certo periodo di tempo raggiungono la superficie nuotando per compiere l'ultima metamorfosi.

Fig. 9: Larva di Tricottero.

La vita aerea di questi Tricotteri è molto più lunga degli Efemerotteri. Nello stato adulto hanno due antenne molto lunghe sulla testa, possiedono quattro ali rivestite da una leggerissima peluria.

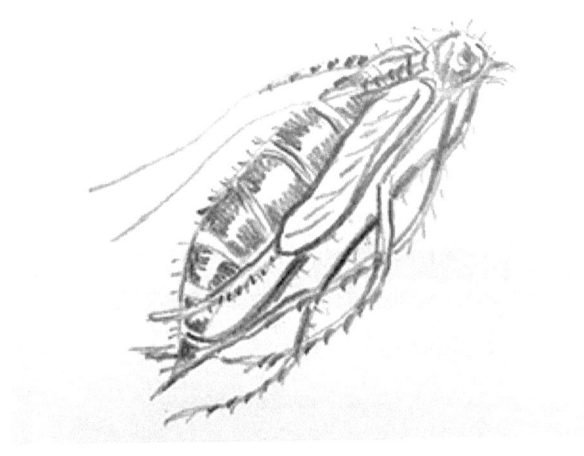

Fig. 10: Ninfa di Tricottero

Quando l'insetto è in posizione di riposo mantiene le ali sopra il corpo in una posizione spiovente con una caratteristica forma "a tetto".

Fig. 11: Insetto adulto

Plecotteri

I Plecotteri comprendono circa 3000 specie, hanno due lunghe antenne anteriori con l'addome che tiene due piccole code chiamate anche cerci. Vive per moltissimo tempo in acqua allo stato di ninfa, mentre allo stato adulto la sua vita è abbastanza breve.

Fig. 12: *Ninfa di Plecottero.*

L'insetto adulto è di piccola o media statura e ha delle antenne lunghe e filiformi. Ha quattro ali membranose e in fase di riposo sono orizzontali e adiacenti al corpo.

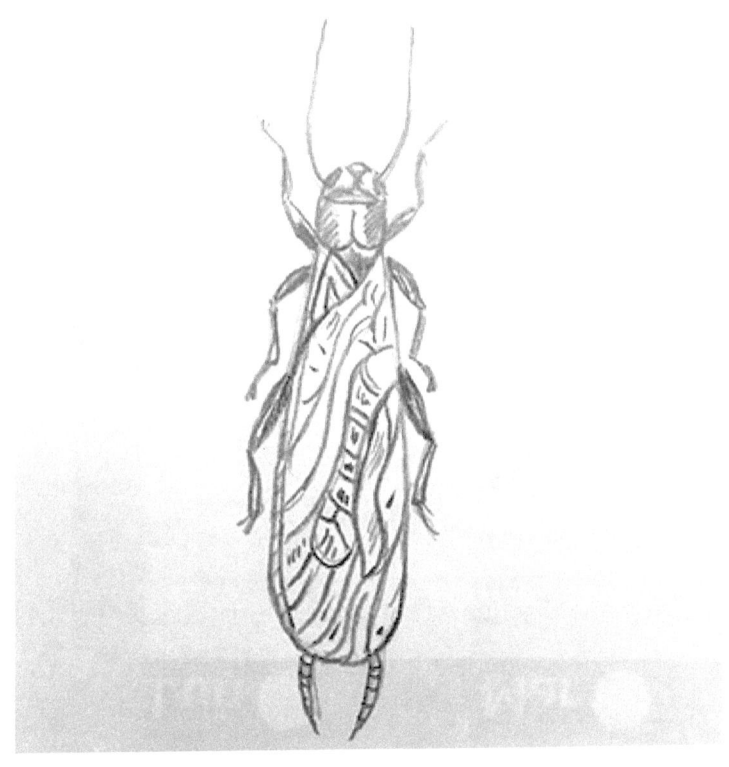

***Fig. 13**: Insetto adulto*

Questi insetti dopo un lungo periodo acquatico da larva o ninfa, salgono in superficie e diventano degli insetti adulti, raggiungono la maturità sessuale e una volta accoppiati e deposto le uova, l'insetto conclude il suo ciclo di vita e muore cadendo in acqua.

Dovete riflettere su tutte queste metamorfosi perché queste vi indicheranno l'imitazione di mosca più appropriata, e da questo dipenderà il buon esito della vostra battuta di pesca.

Questi diversi stadi di vita dell'insetto vi suggeriscono la tecnica di pesca da adottare. Osservate bene quello che accade sul vostro spot di pesca. Dovete osservare bene l'acqua e il comportamento degli insetti. Ad esempio, se vediamo degli insetti che provocano dei cerchi sulla superficie dell'acqua - le cosiddette bollate - noi dovremmo pescare con la mosca secca.

Viceversa, se l'acqua darà l'impressione di essere morta - cioè non vediamo nessun pesce bollare e non vediamo cadere nessun insetto in acqua - noi dovremmo pescare con la mosca sommersa, oppure a ninfa. In questa condizione i pesci sono intenti a cercare sul fondo gli insetti allo stato di larva per cibarsene.

Adesso che abbiamo dato uno sguardo ai nostri cari amici insetti acquatici, vediamo come usare i vari tipi di mosche.

Come Usare i Vari Tipi di Mosche

Abbiamo visto che nella tecnica tenkara vengono impiegate le mosche kebari la cui costruzione è molto semplice. Ma per aiutarvi a raffinare ancora di più la vostra pesca voglio presentarvi altri tipi di mosche che potete usare.

Vi saranno molto utili nelle vostre battute di pesca. Naturalmente ricordatevi di osservare l'ambiente e di estrarre dalla vostra scatolina porta mosche i modelli che assomigliano di più agli insetti che popolano il vostro spot di pesca.

Oltre a scoprirle insieme, vi darò anche qualche consiglio. Per esempio, se decidiamo di pescare con la mosca secca e notiamo che le acque del torrente in alcuni tratti sono abbastanza mosse, è consigliabile usare una mosca con molte hackles, ancora meglio se queste ricoprono tutto il corpo.

Questo tipo di mosca si chiama Palmer, ha una buona galleggiabilità e grazie alla sua colorazione vistosa con contrasti di colore, ci permetterà una buona visibilità durante il suo percorso nelle correnti più veloci, permettendoci cosi di ferrare nel tempo giusto quando il pesce attaccherà.

Possiamo montarle su ami del numero 10, 12 oppure del 14. Si consiglia di usare le hackles bianche per la testa dell'amo, per un totale di 1/3, mentre per gli altri 2/3 usare delle hackles nere e rosse.

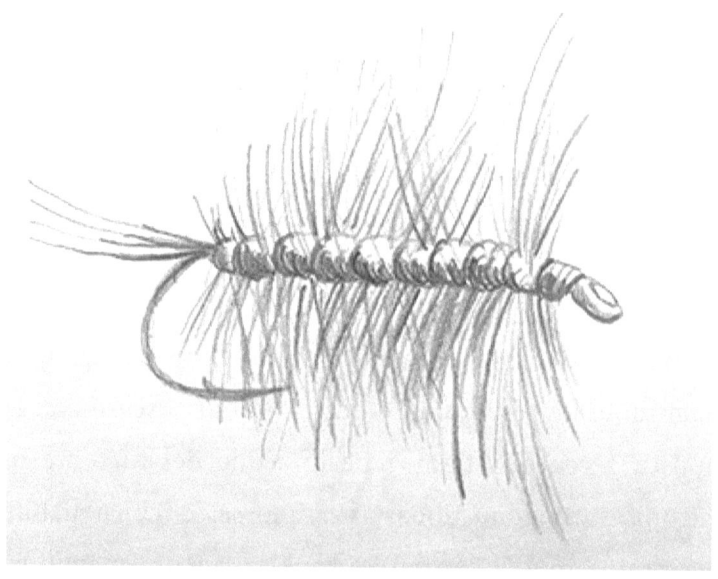

Fig. 14: *Mosca Palmer*

Nelle acque più calme o addirittura ferme, possiamo usare tranquillamente le nostre kebari, oppure una imitazione di Tricottero, se abbiamo visto volare questi insetti. Le imitazioni di Tricottero vengono chiamate Sedge, vi consiglio di portare con voi due tipi di Sedge: una chiara e una scura.

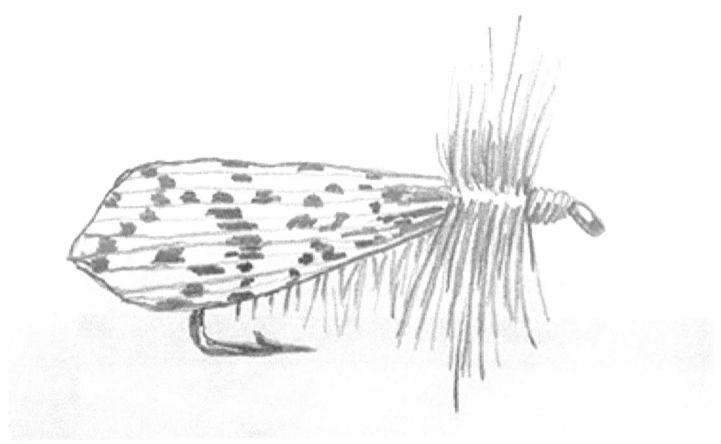

Fig. 15: *Mosca Sedge*

Naturalmente se vedrete delle effimere, potrete montare delle imitazione di effimera. Le più utilizzate sono queste 5: Red Spinner, March Brown, Pheasant Tail, Blue Dun e Tups. Questi modelli saranno sufficienti per tutta l'intera stagione di pesca. Le forme sono quasi simili tra loro, quello che cambia principalmente è il colore delle hackles e del filo utilizzato per la costruzione del corpo.

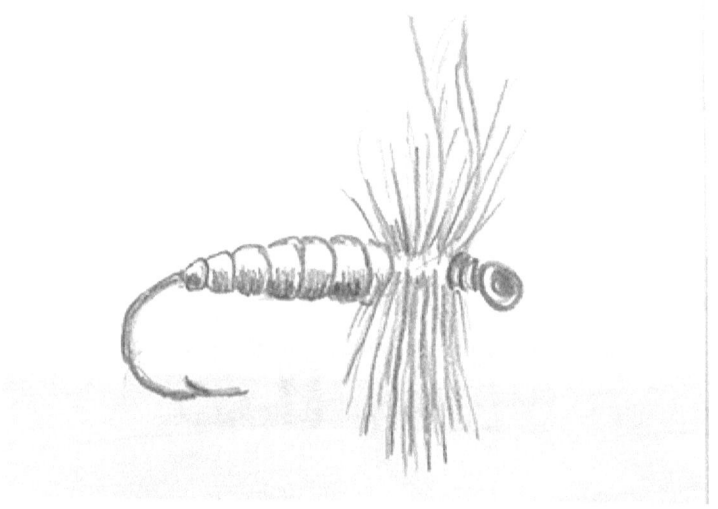

Fig. 16: *Mosca Effimera*

Con il passare del tempo la vostra esperienza vi spingerà nella costruzione di nuovi modelli di mosche, date libero sfogo alla fantasia, sperimentate nuovi colori e forme. È molto divertente.

Come abbiamo visto anche la kebari è una mosca di fantasia molto catturante, e possono andare bene tutte le varianti possibili. Tuttavia ricordatevi sempre di fare attenzione al colore degli insetti che volano. Saremo avvantaggiati nelle catture se la nostra kebari o mosca autocostruita sarà dello stesso colore dell'insetto naturale.

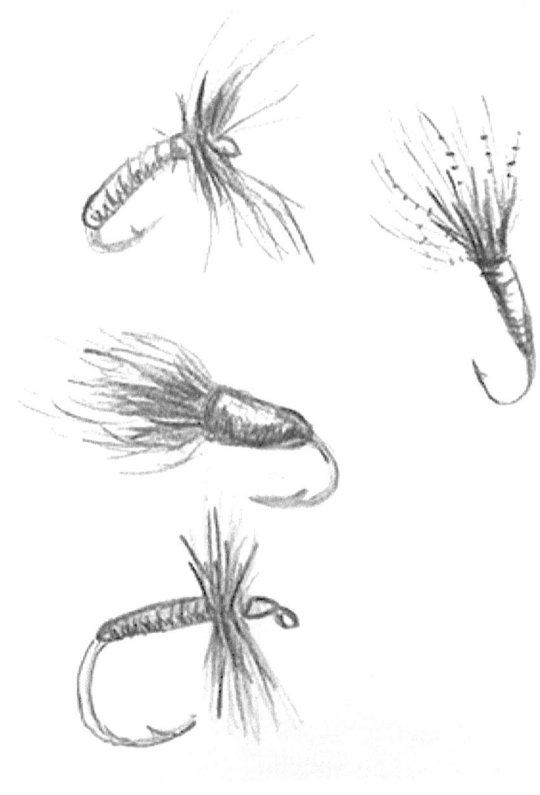

Fig. 17: *Mosche Kebari*

Non smettete mai di allenare il vostro spirito di osservazione. Questo vi farà aumentare notevolmente il vostro bagaglio di esperienza.

Gli Insetti Terrestri

Gli insetti terrestri che interessano alla pesca con la mosca sono compresi in questi due Ordini: i Ditteri e gli Imenotteri.

Naturalmente gli insetti terrestri sono meno importanti di quegli acquatici per il pesce, perché la loro caduta in acqua è da considerarsi accidentale. Può capitare di trovarli sulla superficie dell'acqua, dove trascinati dalla corrente saranno attaccati dal pesce.

Ditteri

All'Ordine dei Ditteri appartengono le comuni mosche che svolazzano intorno alle nostre case, giardini e prati, sono le cosiddette mosche domestiche. Queste mosche sono dotate di due ali membranose e trasparenti, hanno occhi grandi, l'addome tondeggiante ed è leggermente peloso.

Fig. 18: *Mosca Coch y Bondhu*

Imenotteri

Nell'Ordine degli Imenotteri troviamo le vespe e le api, le loro ali sono membranose e il corpo è diviso in tre sezioni separate e sono: la testa, il torace e l'addome. Le zampe sono abbastanza robuste. Appartengono a questo ordine anche le formiche, ma per la pesca interessano soltanto le formiche alate.

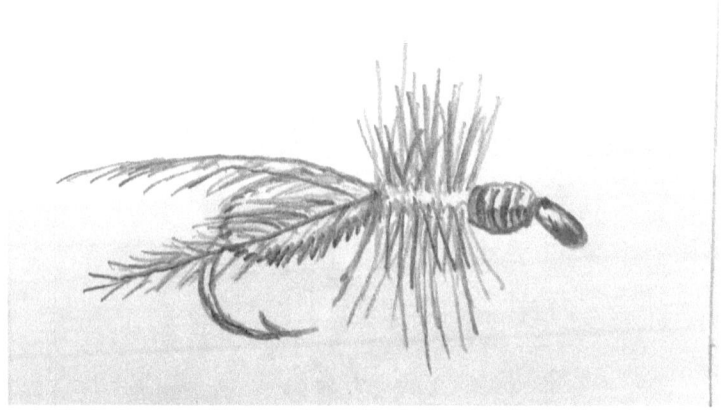

Fig. 19: *Mosca Red Ant se di colore rosso o Black Ant se di colore nero.*

L'Autocostruzione delle Mosche

L'autocostruzione comporta naturalmente un risparmio sulle attrezzature da pesca, ma non è questo che la rende così speciale. L'autocostruzione, soprattutto durante le giornate piovose o fredde che non ci permettono di andare a pescare, ci fa sentire in pesca anche stando semplicemente nel nostro angolo, dove teniamo tutto l'occorrente per la costruzione delle mosche artificiali.

Possiamo immaginare che quello che stiamo costruendo ci permetterà di poter fare delle bellissime catture. A volte quando costruisco le mosche immagino anche delle piacevoli camminate nei pressi dei torrenti di montagna, mentre respiro tutti i profumi e i vari odori naturali che solo madre natura riesce a regalarci.

La pesca dopotutto, è anche una occasione di passare del tempo di qualità nel cuore di paesaggi incontaminati dove perdiamo la dimensione del tempo. Non è forse anche questa la magia della pesca?

10.

Dove Pescare a Tenkara

Vi ho raccontato le mie esperienze personali, abbiamo fatto un bel viaggio nella storia della Tenkara e abbiamo visto le mosche che ci servono per pescare. Penso che molti di voi adesso avranno una gran voglia di andare subito a pescare. Molti di voi si staranno chiedendo:

"Dove posso pescare a Tenkara? Non siamo in Giappone, qui la natura e le acque sono molto diverse, persino i pesci non sono gli stessi. La tecnica è bellissima, ma sarà possibile praticarla anche in Italia? In che modo? In quali acque?"

Vi risponderò in modo molto semplice: tutto il mondo è paese, basta volere. Ricordate, volere è potere.

Non tutti in Italia possiamo avere a disposizione per un fatto di comodo i bellissimi torrenti dolomitici, ma niente paura, questo non è un problema. Con un po' di fantasia possiamo tranquillamente pescare in tutte quelle acque che si trovano nei pressi di casa nostra, come i piccoli torrenti delle nostre colline, i fiumi e tutti quei piccoli laghetti e corsi d'acqua del piano.

Anche se non troveremo i salmerini possiamo pescare altri pesci molto divertenti come i vaironi, i cavedani e tanti altri pesci che pensavamo non potessero abboccare agli insetti. Rimarrete meravigliati dalla scoperta di tutto questo. Pescate tranquillamente dove c'è acqua, perché dove c'è acqua c'è pesce!

Non ci credete? Eppure vi assicuro che è proprio così. Non lasciatevi condizionare da chi dice che una certa tecnica va esercitata solamente in una certa maniera, che è soltanto per alcuni tipi di pesce o che va praticata solo in alcune acque e che ci sono delle regole fisse che non possono assolutamente essere cambiate. Queste regole hanno soltanto una funzione: quella di limitarvi.

Ogni pescatore deve essere libero di poter pescare, liberando la propria fantasia sia nell'attrezzatura e nel modo di affrontare le acque, bisogna osare e sperimentare sempre e avere la propria visione personale della pesca.

Vi faccio un piccolo esempio, nei pressi della mia vecchia casa, c'erano delle piccole cave e laghetti, dove non avevo mai visto nessuno pescare con le mosche artificiali. In questi laghetti la tecnica più praticata era lo spinning, perché i pesci che ci vivevano erano in maggioranza Black Bass. Tantissime erano le esche impiegate, venivano usati i classici rotanti, ondulanti, esche siliconiche e minnows.

Anche io pescavo con queste esche, però continuando a pescare sempre negli stessi spot e catturando sempre gli stessi pesci, ho sentito il bisogno di cambiare qualcosa per ritrovare l'entusiasmo della prima volta.

Così cominciai a recarmi sempre negli stessi posti, ma decisi di cambiare tecnica di pesca. Qualcosa mi suggeriva di provare a pescare con la mosca e cosi feci. Catturai lo stesso i Blak Bass, ma stavolta con grosse imitazioni di mosca e di libellula autocostruite.

Pescando con una tecnica nuova in quegli spot, ritrovai un nuovo entusiasmo provando ancora nuove e divertenti emozioni.

Adesso provate ad indovinare. In uno di questi laghetti, dopo circa un anno, decisi di provare una nuova e suggestiva tecnica. Pescai con una semplice canna in bambù di appena 4 metri. Quale era questa tecnica? Naturalmente la tenkara!

Catturai gli stessi pesci, ma vi confesso che fu davvero molto divertente ed emozionante. Questo conferma che tutte le tecniche possono andare bene. Nello stesso spot con tecniche diverse ho preso gli stessi pesci.

Riflettete, in fondo lo scopo di un pescatore è quello di catturare il pesce, non importa quale sia la tecnica utilizzata, ma quello che conta veramente è giocare d'astuzia con il pesce divertendosi. Ancora meglio se poi rispettate la natura e restituite la libertà ai nostri amici pinnuti di qualsiasi specie essi siano.

11.

Come Affrontare Il Torrente Nel Modo Giusto

La pesca nei torrenti, secondo il mio modesto parere conserva per intero tutto il fascino della Tenkara. Riaffiorano inconsciamente le sue origini giapponesi, ci rendiamo subito conto che stiamo pescando in un modo diverso, un po' fuori dal tempo dei nostri giorni. Tutto questo, penso che riesca a trasmetterci senza rendercene conto la vera essenza della pesca.

Se vogliamo avere successo nel nostro torrente sarà utile conoscerlo molto bene. Prima delle nostre uscite di pesca, andiamo in avanscoperta, camminando in modo curioso lungo il corso d'acqua osservandolo attentamente, scrutando le sue acque e tutti i suoi ostacoli naturali, le buchette e le cascatine con tutte le sue briose correntine.

Sarà opportuno setacciare ogni buchetta, rocce o cascatine alla ricerca del pesce, perché anche se noi non li vediamo, non vuol dire che non ci sono, ma sono soltanto in attesa di muoversi al momento opportuno.

Ma tenete sempre a mente una regola fondamentale: quella di imparare a non farsi scorgere dal pesce!

Provate ad immaginare dove può trovarsi la preda. Vi do qualche suggerimento. Solitamente i pesci si trovano nascosti dietro ai sassi o qualsiasi altro ostacolo naturale e si mettono in posizione con la bocca rivolta verso monte. Questo perché la corrente trascina a valle quello che è il suo nutrimento, e il nostro pesce sarà li ad aspettarlo.

Soprattutto nei periodi più freddi difficilmente vedremo i pesci nuotare nelle correnti più veloci, perché in questo periodo ci sono pochissimi insetti da mangiare, il cibo scarseggia e potrebbe capitare soltanto qualche larva trascinata dalla corrente. Il pesce consumerebbe troppa energia a nuotare contro corrente, quindi in queste condizioni i pesci si muovono molto poco. Si troveranno negli angolini calmi e tranquilli pronti a muoversi quando qualsiasi fonte di cibo passerà davanti alla loro vista.

Camminare nel torrente non è sempre agevole, a volte la vegetazione è molto fitta a tal punto che ci impedisce di continuare, in questo caso dovremo aggirarla e cercare un percorso più agevole. A volte può capitare di trovarci di fronte a una cascata che ci nega la risalita, anche in questo caso con molta calma dovremo tornare indietro e fare un ampio giro per riuscire a oltrepassarla.

È importante conoscere questi eventuali rischi, ci serviranno per essere preparati quando questi inconvenienti potrebbero verificarsi durante la nostra battuta di pesca. Eviteremo così di perdere del tempo inutilmente.

La prima cosa da ricordare quando risaliamo il torrente è che dobbiamo fare molta attenzione a cosa tocchiamo con le mani. Non dobbiamo mai appoggiarle sopra un sasso, oppure vicino a un anfratto senza averlo prima osservato attentamente. Così come non dobbiamo mai infilarci nei cespugli, se prima non li abbiamo smossi con la canna oppure con lo stivale, perché esiste una possibilità concreta di poter incontrare un brutto cliente: parlo della vipera!

Per affrontare il torrente sarà utile un abbigliamento adeguato. Consiglio di indossare un bel paio di anfibi o scarponi molto alti, pantaloni di velluto massicci e un cappello con una ampia tesa. Un cappello ampio è utile perché quando passiamo attraverso la vegetazione può capitare che qualche insetto, bruco o altro animaletto possa caderci in testa e pungerci o procurarci qualche irritazione.

Imparate a conoscere bene il vostro torrente, studiatelo affondo. La pratica assidua di un solo corso d'acqua porta dopo alcuni anni a una conoscenza totale che vi permetterà di poter fare delle belle catture con maggiore convinzione e facilità.

Potrebbe esservi utile la realizzazione di un diario del vostro fiume, torrente o qualsiasi altro spot. Potete create dei mini diari dove per ogni vostro spot di pesca segnate le mosche che vi hanno fatto prendere più pesci. Potete segnarvi i periodo dell'anno, annotarvi i colori delle mosche e delle piume utilizzate. Così quando tornerete a pescare in quei posti, pescherete a colpo sicuro.

12.

Come Pescare a Tenkara

Adesso che abbiamo preso confidenza con il nostro torrente possiamo affrontarlo nel modo giusto e cominciare finalmente la nostra desiderata battuta di pesca.

Conosciamo il percorso, abbiamo visto se è infrascato oppure no, sappiamo quanto spazio c'è da una riva all'altra, e abbiamo notato alcuni posti dove si trovano i pesci.

Bene, adesso possiamo scegliere la misura della nostra canna che riteniamo opportuna, preparare la nostra lenza e lanciare in acqua la nostra esca.

La Nostra Canna da Tenkara

Le canne per la tenkara possono essere di diversi modelli, dalle antiche canne in bambù a innesti alle modernissime canne in carbonio telescopiche. Alcune canne sono in tre pezzi, mentre altre sono costruite in più pezzi ma più corti, anche se la lunghezza totale della canna può essere la stessa.

Tutti questi modelli hanno in cima al vettino un cordino chiamato lilian. Al lilian viene fissato una cordicella chiamata level line. Come abbiamo già visto sia gli antichi pescatori giapponesi che i pescatori della Valsesia usavano il crine di cavallo.

Come Preparare la Lenza

La lunghezza della level line solitamente è uguale alla lunghezza della canna, raramente viene usata una misura più lunga. Al termine della level line legheremo uno spezzone di nylon lungo quanto le nostre braccia aperte. Solitamente lo spessore del nylon oscilla dallo

0,14 allo 0,12. A questo punto non ci resta che scegliere la nostra kebari che riteniamo più opportuna, legarla al nylon e incominciare a pescare.

Come avete visto è molto semplice preparare la lenza. Una delle tante cose che mi piace della tenkara e che ci permette di affrontare il nostro torrente con una attrezzatura molto minimale, e questo agevola molto il nostro percorso. Infatti come abbiamo visto, abbiamo bisogno solo di una semplice canna in bambù, una cordicella lunga quanto la nostra canna, uno spezzone di nylon lungo quanto le nostre braccia aperte e qualche moschetta.

Questa semplice attrezzatura è più che sufficiente per poter trascorrere un bel pomeriggio nello spirito giusto della Tenkara.

Il Lancio in Acqua

Adesso che la nostra montatura è pronta, ci avvicineremo al torrente con passi felpati, evitando qualsiasi tipo di rumore o movimento brusco. Se occorre camminare a carponi per nasconderci alla vista del pesce lo faremo. Non dobbiamo arrivare sul bordo del torrente, ma bensì qualche metro indietro. Questo serve a non farsi vedere dal pesce.

All'inizio dobbiamo pescare vicino a noi. Quindi lanceremo la nostra mosca all'inizio dell'acqua. Poi, lancio dopo lancio, ci sposteremo sempre più avanti, fino ad arrivare al bordo del torrente per poter lanciare più lontano. Così facendo scandaglieremo tutte le correntine e i rifugi del pesce.

Se dopo un po' che lanciamo in un posto ci accorgiamo che i pesci non attaccano, possiamo spostarci tranquillamente da un'altra parte. Non dobbiamo avere furia, ma mantenere la calma. Dobbiamo osservare attentamente il nuovo spot immaginando dove possiamo trovare il nostro amico pinnuto.

Con i nostri lanci cercheremo di far passare la nostra mosca proprio davanti alla bocca del pesce cercando con qualche richiamo di attirare la sua attenzione per poterlo indurre a sferrare l'attacco.

Il Catch & Release

Il pescatore sportivo pratica sempre il Catch & Release, che consiste nel rilasciare il pesce una volta catturato. Questo per me è un nobile gesto nei confronti del pesce, dopo che ci ha fatto divertire restituirli la libertà è il minimo che possiamo fare. Sarebbe meglio usare ami senza ardiglione, ci permetteranno una slamatura più veloce e meno dolorosa per il pesce. Prima di prendere il pesce con la nostra mano, sarebbe opportuno bagnarla per evitare possibili danni alla pelle del pesce.

Mi piace praticare il Catch & Release, è bello poter osservare il pesce nella nostra mano immersa nell'acqua mentre lo stiamo liberando. È una sensazione bellissima vederlo ripartire, seguirlo con i nostri occhi fino a che non scompare del tutto.

Inconsciamente siamo consapevoli di aver stabilito un legame profondo fra noi e lui, anche se il pesce non sarà del nostro avviso, ma porteremo sempre con noi un'eterna consapevolezza di un contatto che non ci abbandonerà mai.

Conclusione

Cari Amici Pescatori, siamo giunti al termine del nostro viaggio sulla tenkara. Spero che vi sia piaciuto e di avervi trasmesso nel migliore dei modi quello che ho imparato durante le mie battute di pesca.

Ma prima di salutarvi, volevo spendere alcune parole sul nostro caro amico bambù. Possiamo pescare con canne modernissime, costose, ultraleggere, che risponderanno perfettamente alle nostre esigenze, ma l'emozione e quel fascino antico che pensavamo non esistesse più, lo ritroviamo soltanto quando peschiamo con una semplice canna in bambù.

È incredibile come cambia subito il nostro concetto di pesca. Improvvisamente tutto cambia. Il tempo non solo si ferma, ma veniamo catapultati indietro nel tempo. Ci sentiamo trasportare in una dimensione

diversa, molto lontana dalla nostra abituale coscienza.
Ed ecco che improvvisamente, non ci troviamo più nel piccolo corso d'acqua delle nostre amate colline, ma siamo entrati in un'altra dimensione. Il nostro piccolo torrentino all'improvviso diventa speciale, è diventato un angolo di mondo incantato dove rifugiarsi, lontano da una società sempre più artificiale.

Avvertiamo una sensazione di pace interiore profonda che ci suggerisce di continuare a pescare sempre così se vogliamo continuare a assaporare la vera essenza della pesca.

Entrare in piena armonia con la natura è la chiave.

Non ci sono segreti o tabù da sfatare, ma soltanto un percorso logico che inconsciamente ci sta indicando quale è la retta via da seguire.

Grazie Tenkara! Grazie Caro Amico Bambù! E Grazie anche a te Caro Amico Pescatore di aver letto queste pagine.

Spero di incontrarti nel mio prossimo viaggio.

Lelio

LA PESCA SEMPLICE CON IL PANE

Il Vero Segreto?
L'Esperienza!

Lelio Zeloni

Riferimenti Bibliografici

Boccardo, M. (n.d.). *Ami*. Essenza Pesca. Retrieved November 12, 2020, from https://www.essenzapesca.com/ami/

Boccardo, M. (n.d.). *Le Piume*. Essenza Pesca. Retrieved November 12, 2020, from https://www.essenzapesca.com/le-piume/

Boccardo, M. (n.d.). *Trenini e Mosche Valsesiane*. Essenza Pesca. Retrieved November 12, 2020, from https://www.essenzapesca.com/trenini-e-mosche-valsesiane/

Discover Tenkara, (n.d.). *Tenkara: la guida definitiva*. Retrieved June 14, 2020, from https://www.discovertenkara.com/tenkara-it/

Gaskell, P. (2020). *The Legendary Yuzo Sebata*. Tenkara Angler. Retrieved June 14, 2020, from https://tenkaraangler.com/2020/06/08/the-legendary-yuzo-sebata/

Lyle, M. (2019). *Tenkara Today*. Stackpole Books.

National Geographic, (2017). *La caza de osos de los matagi, una tradición sagrada y polémica en Japón.* Retrieved June 15, 2020, from https://www.nationalgeographic.es/historia/2017/11/la-caza-de-osos-de-los-matagi-una-tradicion-sagrada-y-polemica-en-japon

Pesca Network, (2011). *Pesca alla Valsesiana.* Pescanetwork.it Retrieved November 12, 2020, from http://www.pescanetwork.it/forum/index.php/topic/46196-pesca-alla-valsesiana/

Scalvini, A. (n,d,). *La canna per la mosca valsesiana.* Moscavalsesiana.it. November 13, 2020, from https://www.moscavalsesiana.it/it/blog/la-canna-per-la-mosca-valsesiana

Stewart, C. (n.d.). *Pesca Mosca Valsesiana.* Tenkara Bum. Retrieved November 12, 2020, from https://www.tenkarabum.com/pesca-mosca-valsesiana.html

Wigen, E. K. (1995). *The Making of a Japanese Periphery, 1750 - 1920.* University of California Press.

www.ingramcontent.com/pod-product-compliance
Lightning Source LLC
Chambersburg PA
CBHW020910080526
44589CB00011B/533